ERRET · 1972

AF394876

PROJET DE RÉFORME

DE LA

LOI SUR LES FAILLITES

Tiré du QUESTIONNAIRE du Comité de la Réforme de la législation sur les Faillites

Et rédigé d'après les propositions soumises au Comité par diverses
Chambres de commerce, Chambres consultatives des arts et manufactures,
Chambres syndicales et Tribunaux de commerce,
ou adoptées dans les réunions publiques des Commerçants de Paris
présenté à la Chambre des Députés, le 15 Juin 1880,

Par MM. SAINT-MARTIN (Vaucluse), Charles BOYSSET, A. RUBILLARD,
D. BARODET, Docteur FORNÉ, E. BRELAY, L. GREPPO,
LECONTE (Indre), Germain CASSE, GIRAULT (Cher), le Comte
de DOUVILLE-MAILLEFEU, Benjamin RASPAIL, BOUSQUET,
BIZARELLI, GUYOT, Louis GUILLOT, LISBONNE, VERSIGNY,
ALLÈGRE, André FOLLIET, LAISANT, Docteur THURIGNY, A. LE
FAURE, DETHOU, A. BOSCQ, DAUMAS, M. NADAUD, J. BOUQUET,
A. FAVAND, LABUZE, F. ESCANYE, Alphonse GENT, E. BUYAT,

Députés,

SUIVI D'UN EXPOSÉ DES TRAVAUX DU COMITÉ

PAR

B. LAPLACETTE

Négociant

Président du Comité de la Réforme de la législation sur les Faillites

---

PRIX : 1 FR. 50 CENTIMES.

GERMER-BAILLIÈRE ET Cᵢₑ, LIBRAIRES-ÉDITEURS

BOULEVARD SAINT-GERMAIN, 108

PARIS

—

1880

PROJET DE RÉFORME

DE LA

LOI SUR LES FAILLITES

Tiré du QUESTIONNAIRE du Comité de la Réforme de la législation
sur les Faillites

Et rédigé d'après les propositions soumises au Comité par diverses
Chambres de commerce, Chambres consultatives des arts et manufactures,
Chambres syndicales et Tribunaux de commerce,
ou adoptées dans les réunions publiques des Commerçants de Paris
présenté à la Chambre des Députés, le 15 Juin 1880,

Par MM. SAINT-MARTIN (Vaucluse), CHARLES BOYSSET, A. RUBILLARD
D. BARODET, Docteur FORNÉ, E. BRELAY, L. GREPPO,
LECONTE (Indre), GERMAIN CASSE, GIRAULT (Cher), le Comte
DE DOUVILLE-MAILLEFEU, BENJAMIN RASPAIL, BOUSQUET,
BIZARELLI, GUYOT, Louis GUILLOT, LISBONNE, VERSIGNY,
ALLÈGRE, ANDRÉ FOLLIET, LAISANT, Docteur THURIGNY, A. LE
FAURE, DETHOU, A. BOSCQ, DAUMAS, M. NADAUD, J. BOUQUET,
A. FAVAND, LABUZE, F. ESCANYE, ALPHONSE GENT, E. BUYAT,
Députés,

SUIVI D'UN EXPOSÉ DES TRAVAUX DU COMITÉ

PAR

B. LAPLACETTE

Négociant

PRÉSIDENT DU COMITÉ DE LA RÉFORME DE LA LÉGISLATION SUR LES FAILLITES

PRIX : 1 FR. 50 CENTIMES.

GERMER-BAILLIÈRE ET Cie, LIBRAIRES-ÉDITEURS

BOULEVARD SAINT-GERMAIN, 108

PARIS

—

1880

PROJET DE RÉFORME

DE LA

LOI SUR LES FAILLITES

Tiré du QUESTIONNAIRE du Comité de la Réforme de la législation
sur les Faillites

**Et rédigé d'après les propositions soumises au Comité par diverses
Chambres de commerce, Chambres consultatives des arts et manufactures,
Chambres syndicales et Tribunaux de commerce,
ou adoptées dans les réunions publiques des Commerçants de Paris
présenté à la Chambre des Députés, le 15 Juin 1880,**

Par MM. SAINT-MARTIN (Vaucluse), Charles BOYSSET, A. RUBILLARD,
D. BARODET, Docteur FORNÉ, E. BRELAY, L. GREPPO,
LECONTE (Indre), Germain CASSE, GIRAULT (Cher), le Comte
de DOUVILLE-MAILLEFEU, Benjamin RASPAIL, BOUSQUET,
BIZARELLI, GUYOT, Louis GUILLOT, LISBONNE, VERSIGNY,
ALLÈGRE, André FOLLIET, LAISANT, Docteur THURIGNY, A. LE
FAURE, DETHOU, A. BOSCQ, DAUMAS, M. NADAUD, J. BOUQUET,
A. FAVAND, LABUZE, F. ESCANYE, Alphonse GENT, E. BUYAT,

Députés,

SUIVI D'UN EXPOSÉ DES TRAVAUX DU COMITÉ

PAR

B. LAPLACETTE

Négociant

Président du Comité de la Réforme de la législation sur les Faillites

---

GERMER-BAILLIÈRE ET Cⁱᵉ, LIBRAIRES-ÉDITEURS

BOULEVARD SAINT-GERMAIN, 108

PARIS

—

1880

AVIS

Le **QUESTIONNAIRE** du **Comité de la Réforme de la législation sur les Faillites**, d'où est textuellement tiré le projet suivant, et qui en contient les motifs puisés soit dans les projets présentés jusqu'à ce jour, soit dans la jurisprudence ou les législations étrangères, sera communiqué à toute personne qui en fera la demande à l'un des membres du Comité.

Le Bureau du Comité est composé de MM.

LAPLACETTE, négociant, place de la République, 10, *président;*
Henri DIEU, négociant, rue Turbigo, 53, *vice-président;*
MOREAU, négociant, rue Neuve-Saint-Merri, 30, *vice-président;*
BOUCHET, négociant, rue Saint-Fiacre, 17, *secrétaire;*
JUMEL, négociant, rue du Renard, 25, *secrétaire;*
LEREBOUR, négociant, rue Saint-Denis, 97, *trésorier.*

CHAMBRE DES DÉPUTÉS

DEUXIÈME LÉGISLATURE

SESSION DE 1880

Annexe au procès-verbal de la séance du 15 juin 1880

PROPOSITION DE LOI

RELATIVE A LA **Réforme de la loi sur les Faillites,**

PRÉSENTÉE

PAR MM. SAINT-MARTIN (Vaucluse), CHARLES BOYSSET, A. RUBILLARD, D. BARODET, Docteur FORNÉ, E. BRELAY, L. GREPPO, LECONTE (Indre), GERMAIN CASSE, GIRAULT (Cher), le Comte DE DOUVILLE-MAILLEFEU, BENJAMIN RASPAIL, BOUSQUET, BIZARELLI, GUYOT, Louis GUILLOT, LISBONNE, VERSIGNY, ALLÈGRE, ANDRÉ FOLLIET, LAISANT, Docteur THURIGNY, A. LE FAURE, DETHOU, A. BOSCQ, DAUMAS, M. NADAUD, J. BOUQUET, A. FAVAND, LABUZE, F. ESCANYE, ALPHONSE GENT, E. BUYAT,

Députés.

EXPOSÉ DES MOTIFS

Messieurs,

La réforme de la législation sur les faillites est, on peut le dire, impatiemment attendue par le monde des commerçants; les Chambres de commerce et les tribunaux consulaires ne cessent d'insister sur la nécessité et l'urgence de cette réforme. Diverses propositions de loi ont été, à certaines époques, présentées ou préparées, avec des fortunes diverses, mais, avec ce but constant : modifier, améliorer la loi actuelle qui, dans notre Code de commerce, régit la faillite.

Dans le courant de l'année 1878, un Comité, exclusivement composé de commerçants de Paris, fut institué dans une série de réunions publiques, présidées successivement par plusieurs de nos collègues. A la suite de ces réunions dans lesquelles furent posées les bases de la réforme, ce Comité provoqua, autant que le permettait l'initiative privée, une enquête dans la France entière et se trouva, par ce moyen, en possession des éléments d'une révision sérieuse de la législation sur la matière.

Ce Comité a fait plus : il a recherché dans les lois étrangères qui, depuis quelques années, ont considérablement modifié le droit commun sur ce point, les simplifications de procédure qui pouvaient être introduites chez nous et les innovations les plus heureuses. Le but poursuivi était d'augmenter la sécurité du commerce, de fortifier le crédit, de prévenir la fraude et d'affranchir le commerce de frais ruineux et frustratoires. Pour atteindre ce but, on rédigea un questionnaire qui fut adressé aux Chambres syndicales, aux Chambres et aux Tribunaux de commerce de tout le pays. C'étaient comme les *cahiers* du commerce national qu'on essayait de rédiger. C'est de ce document, qui atteste une connaissance approfondie des intérêts commerciaux, une science juridique peu commune, qu'est tirée la proposition de loi dont le texte suit.

Cette proposition touche non-seulement à la réforme du droit commercial proprement dit, mais aussi, et assez profondément, à la réforme de nos lois sur la procédure, et, en quelques points, de notre législation civile et même de notre législation pénale.

Depuis longtemps, on n'a cessé de réclamer la suppression de formes de procédure qui, sous le prétexte de sauvegarder les droits des contestants ou des créanciers entre eux, mettent à la charge de la masse de la faillite, des frais si onéreux que ces prétendues mesures de garantie contribuent à la ruine commune. Le luxe des formalités inutiles qui abondent dans notre Code n'a pas seulement l'inconvénient d'éloigner les justiciables des prétoires de la justice, il offre encore à la mauvaise foi des moyens indirects d'impunité. De là, la nécessité de simplifications nombreuses.

La proposition que nous présentons à la Chambre fait, pour la réforme de la procédure en matière de faillite, des emprunts utiles aux législations étrangères, notamment à celles de la Belgique, des Pays-Bas et quelquefois de l'Allemagne.

Les délais de distance ont été, autant que possible, supprimés ou réduits, grâce à l'obligation imposée à tout créancier inscrit, d'élire domicile dans le lieu de l'ouverture de la cessation de payements. Le succès de cette réforme faite à l'étranger, les résultats pratiques obtenus, par exemple, en Belgique, sont le gage de si évidents avantages qu'il ne nous est pas permis de conserver plus longtemps, sans modifications, la lourde machine judiciaire organisée par la loi de 1838.

Dans le domaine du droit civil, le projet actuel a surtout innové en ce qui concerne les droits de la femme du failli, vis-à-vis des créanciers ; il a innové encore en ce qui concerne l'assimilation, quant aux formes de la liquidation des biens de tout débiteur saisi, des non-commerçants aux commerçants. Cette disposition, réclamée assez vivement par le commerçant, a été déjà introduite dans un grand nombre de législations étrangères ; elle a été appuyée par les meilleurs jurisconsultes belges, et elle se trouve indiquée dans quelques parties de la nouvelle loi belge sur les faillites.

En matière pénale, la proposition fait disparaître certaines pénalités d'une telle rigueur que le ministère public hésite fort souvent à réclamer l'application de la loi, notamment en ce qui concerne le défaut de dépôt de bilan dans les trois jours de la cessation de payements et l'irrégularité des livres. D'un autre côté, la proposition précise plus nettement les caractères constitutifs de la banqueroute simple ou frauduleuse.

La faillite est remplacée par la déclaration de cessation de payements, laquelle ne peut être prononcée que dans les cas déterminés par la loi, et jamais d'office par le tribunal.

Les dispositions exceptionnelles, et pour ainsi dire d'expédients, qui ont été admises, à certaines époques douloureuses ou troublées, notamment en 1848 et en 1870, ont produit des résultats si satisfaisants pour prévenir les faillites et les remplacer par des arrangements amiables, qu'il a été constamment demandé par le commerce que ces dispositions temporaires devinssent la règle définitive. La proposition actuelle donne largement satisfaction à ces tendances, tout en entourant le concordat, qui est consenti sans publicité, de garanties de nature à prévenir les arrangements clandestins. C'est au même ordre d'idées qu'il faut rattacher l'institution du sursis de payements, emprunté aux lois belge et hollandaise.

Les droits et les pouvoirs des assemblées de créanciers ont été considérablement augmentés. Les législations les plus récentes se prononcent, en effet, pour l'assimilation aussi parfaite que possible des assemblées de créanciers aux assemblées d'actionnaires. On trouve dans la nouvelle loi allemande sur les faillites, une affirmation énergique de ce principe.

Dans la proposition, le Concordat ne peut valablement stipuler la remise d'une partie de la dette ; nous voyons là une disposition vivement réclamée par le commerce, qui s'est ému des facilités données actuellement à un malhonnête homme de s'enrichir impunément et impudemment par des faillites successives, suivies de concordats arrachés à la timidité des créanciers ou dus à la négligence par eux apportée à l'exercice de leurs droits.

Cependant la proposition est moins dure, moins impitoyable pour le débiteur en état de liquidation forcée, que ne l'est la législation actuelle pour le failli non concordataire. Tandis que ce dernier est aujourd'hui livré en pâture à ses créanciers, sans trêve ni merci, le projet n'autorise l'exercice des poursuites sur les biens acquis par le débiteur postérieurement à la déclaration de cessation de payements, qu'au-delà de la somme nécessaire pour assurer sa subsistance et celle des siens.

Nous ferons remarquer enfin qu'en dehors des déchéances résultant de condamnation pour banqueroute, le débiteur en état de cessation de payements n'est privé d'aucun de ses droits civils ou politiques.

La présente proposition, bien qu'elle simplifie considérablement la législation actuelle, n'offre pas un ensemble de dispositions moins étendu que la loi de 1838 ; cela vient de ce qu'elle introduit un certain nombre de dispositions nouvelles, en même temps qu'elle s'applique à résoudre législativement une foule de questions qui, aujourd'hui, laissent à nos tribunaux un large champ de controverses. Telle qu'elle est, elle est circonscrite dans un ensemble de dispositions moins nombreuses que celles des lois belge et hollandaise, dans lesquelles le grand nombre des articles n'est exclusif ni de la clarté ni de la simplicité.

Au point de vue législatif, la matière des faillites nous a paru heureusement choisie pour servir de tentative initiale de la refonte générale de nos lois, devenue nécessaire même en matière civile. En effet, cette partie de notre législation actuelle touche, par tant de côtés, à la législation générale que l'essai de réforme tenté par notre projet deviendra, par ses résultats, un encouragement à poursuivre la révision évidemment nécessaire de nos Codes. Ajoutons que là où tant d'autres peuples ont fait un pas en avant, il est du devoir du législateur français de ne point retarder une réforme qui s'impose et qui est si universellement réclamée.

La proposition de loi qui suit se trouve donc être l'expression d'un sentiment général. C'est le résumé substantiel des aspirations du monde commerçant dans notre pays : c'est pourquoi, nous inspirant en cela de précédents qui étaient un bon exemple, et associant notre pensée à celle d'un grand nombre de nos mandataires, nous avons cru devoir prêter à ce travail consciencieux le concours de notre initiative parlementaire. Une proposition de loi a été déposée sur le bureau de la Chambre, dans la séance du 3 avril 1879, par MM. Desseaux, Dautresme et R. Waddington, sur les concordats amiables : cette proposition de nos honorables collègues a été prise en considération par votre 12ᵉ commission d'initiative parlementaire, dont le rapporteur (1) exprimait le désir de voir présenter une proposition plus complète encore sur la matière. Cette proposition plus complète, la voici. Il ne saurait être mauvais de la soumettre à l'examen, à l'étude attentive d'une commission compétente, qui tiendra certainement à honneur de constater tout ce qu'il y a d'efforts généreux dans cette longue étude, et de s'en inspirer pour préparer, sur la matière, une législation mieux adaptée aux nécessités actuelles, plus conforme à nos mœurs civiles et commerciales que la loi surannée de 1838. Le pays, nous le répétons, attend de la Chambre une réforme profonde de notre législation si défectueuse des faillites ; la proposition que nous avons l'honneur de vous soumettre, a pour but de préparer et de faciliter la solution si longtemps attendue sur ce point.

---

(1) M. Rubillard. — Rapport sommaire. — Annexe au procès-verbal de la séance du 28 février 1880 — nᵒ 2346.

DES CESSATIONS DE PAIEMENTS ET BANQUEROUTES

TITRE PREMIER

De la Cessation de Paiements.

Dispositions générales.

1. — Tout commerçant qui cesse ses paiements est déclaré en état de cessation de paiements.

Le jugement déclaratif de cessation de paiements ne pourra être rendu que sur la demande du débiteur ou de l'un de ses créanciers ; il ne pourra l'être d'office par le tribunal.

La déclaration de cessation de paiements pourra être prononcée après le décès du débiteur ; elle ne pourra être demandée par les créanciers que dans l'année qui suivra le décès.

2. — Les dispositions de la présente loi relatives aux formes de la liquidation forcée des biens du commerçant en état de cessation de paiements, seront étendues à la liquidation des biens de tout débiteur, même non-commerçant, en état de déconfiture.

3. — Le commerçant étranger qui possède, sur le territoire de la République, un établissement ou des biens, pourra être déclaré en état de cessation de paiements par le tribunal français, à raison de ses engagements contractés en France, bien que le siège de son établissement principal soit situé à l'étranger, et alors même qu'il aurait été déclaré en état de faillite par un tribunal étranger.

Dans ce cas, les créanciers étrangers qui produiront à la distribution après cessation de paiements, ouverte en France, seront traités, par une loi de réciprocité, suivant les mêmes principes que les créanciers français sont admis à produire dans les faillites ouvertes dans les pays auxquels ces créanciers étrangers appartiennent.

CHAPITRE I.

Des cas dans lesquels la déclaration de cessation de paiements sera prononcée.

4. — La déclaration de cessation de paiements sera prononcée contre un débiteur dans les cas suivants :

1° Lorsqu'il fera lui-même au greffe du Tribunal de commerce du lieu de son domicile, la déclaration qu'il a cessé ses paiements ;

2° Lorsque des actes d'exécution, autres que les actes purement conservatoires, auront été faits sur ses biens mobiliers ou immobiliers ; et cela sans distinguer si les poursuites sont exercées pour une dette commerciale proprement dite ou une dette purement civile ;

3° Lorsqu'il aura été rendu contre lui un jugement validant une saisie-arrêt pratiquée entre les mains d'un de ses débiteurs, et que ce jugement aura été suivi d'oppositions de la part d'autres créanciers ;

4° Lorsque, sur une assignation en paiement d'un effet de commerce protesté, il aura demandé un délai, et qu'un jugement portant condamnation au paiement sera devenu exécutoire contre lui à l'expiration de ce délai ;

5° Lorsqu'il aura fait en justice l'aveu de son insolvabilité ou de son état de cessation de paiements ;

6° Lorsqu'il sera en fuite.

Toutes les fois qu'un débiteur, contre lequel un effet aura été protesté, aura obtenu un délai de paiement, le tribunal devra, sur la demande de tous autres créanciers qui auront assigné, après protêt, le même débiteur, lui refuser un délai de paiement plus long que le premier délai qui lui aura été accordé.

5. — Le débiteur qui fait au greffe la déclaration de cessation de ses paiements doit déposer en même temps :

1° Le bilan de ses affaires ou une note indiquant les motifs qui l'empêchent de le déposer ;

2° Un état nominatif de ses créanciers, contenant l'indication de leur profession et du domicile de chacun d'eux. Il doit consigner en même temps une somme suffisante pour l'affranchissement des lettres de convocation des créanciers ;

3° Un inventaire de ses biens, attesté et signé par lui.

Le bilan et l'inventaire seront faits en double original dont l'un sera déposé au greffe, et l'autre communiqué à la première assemblée des créanciers et remis aux commissaires ou aux liquidateurs.

6. — Si c'est une société en nom collectif qui est en état de cessation de paiements, chacun des associés solidaires est tenu, en outre, de dresser, déposer et communiquer, comme il est dit en l'article précédent, l'inventaire de ses biens particuliers. Ceux des associés solidaires qui n'ont pas signé la déclaration de cessation de paiements sont tenus de faire le dépôt de l'inventaire de leurs biens personnels dans les trois jours du jugement, s'il a été rendu contradictoirement ; et dans les trois jours de sa signification, s'il est par défaut.

Faute par eux d'avoir rempli cette formalité dans le délai ci-dessus prescrit, tout créancier pourra, sur la production d'un certificat du greffier attestant le défaut de dépôt, présenter requête au tribunal de commerce, afin de nomination d'un séquestre provisoire qui pourvoira au nécessaire.

7. — Le débiteur déclaré en état de cessation de paiements à la requête d'un créancier, mais maintenu dans l'administration de ses biens, devra, dans la huitaine du jugement, s'il est contradictoire, et dans la huitaine de sa signification, s'il est par défaut, faire au greffe le dépôt de l'état de ses créanciers, et y joindre la consignation prescrite.

Il devra aussi, dans le même délai, dresser, en double original, le bilan de ses affaires et y joindre une note indiquant les causes et circonstances auxquelles il attribue la cessation de ses paiements.

Le débiteur qui, en faisant lui-même la déclaration de la cessation de ses paiements, n'aura pu déposer en même temps son bilan, sera tenu d'en opérer le dépôt dans le délai ci-dessus prescrit.

Le défaut d'accomplissement de ces formalités donnera lieu, contre le débiteur, à la nomination d'un séquestre provisoire, comme il est dit en l'article précédent.

8. — Tout débiteur qui fera au greffe la déclaration de cessation de ses paiements sera tenu, en même temps, de présenter ses livres au greffier du tribunal de commerce, qui les paraphera, les arrêtera et constatera l'état où ils se trouvent.

Si le débiteur est déclaré en état de cessation de paiements à la requête d'un créancier, il devra remplir la même formalité dans les vingt-quatre heures du jugement déclaratif de cessation de paiements, s'il est contradictoire ; et dans les vingt-quatre heures de sa signification, s'il est par défaut.

Faute par le débiteur de remplir cette formalité dans le délai ci-dessus prescrit, tout créancier pourra, sur un certificat du greffier attestant le défaut de présentation des livres, présenter requête au tribunal pour obtenir la nomination d'un séquestre provisoire.

9. — Tout jugement déclaratif de cessation de paiements, rendu par défaut, sera notifié au débiteur par le greffier du tribunal de commerce, par lettre chargée, sur simple extrait, dans les vingt-quatre heures de sa prononciation, conformément à l'article 218.

10. — Tout créancier poursuivant la déclaration de cessation de paiements de son débiteur sera tenu, dans son exploit introductif d'instance, de faire élection de domicile dans le lieu où siège le tribunal qui connaît de la cessation de paiements. A défaut d'élection de domicile, toutes significations, même celles relatives au rapport du jugement déclaratif de cessation de paiements, lui seront faites au greffe du tribunal.

CHAPITRE II.

De la déclaration de cessation de paiements des sociétés.

11. — La déclaration de cessation de paiements d'une société en nom collectif pourra être prononcée sur la demande d'un seul associé en nom ; mais le tribunal devra ordonner, avant de faire droit, la mise en cause des autres associés en nom.

La déclaration contiendra le nom et l'indication du domicile de chacun des associés solidaires. Elle sera faite au greffe du tribunal dans le ressort duquel se trouve le siège du principal établissement de la société, sauf la disposition contenue en l'article 3, à l'égard des sociétés étrangères ayant des succursales ou des établissements en France.

12. — Le jugement déclaratif de cessation de paiements d'une société anonyme, contiendra toujours nomination d'un séquestre provisoire.

Les directeurs et administrateurs de ces sociétés pourront être déclarés personnellement en état de cessation de paiements, si les opérations qu'ils ont faites ou autorisées ont servi à couvrir des opérations négociées dans leur intérêt personnel, ou si des opérations ont été entreprises ou autorisées par eux en dehors des termes des statuts.

13. — Une société de fait pourra être déclarée en état de cessation de paiements ; le jugement déclaratif devra contenir nomination d'un séquestre provisoire.

La déclaration de l'état de cessation de paiements des associations en participation donnera aussi lieu, dans tous les cas, à la nomination d'un séquestre provisoire. Ces associations, même lorsqu'elles n'auront pas pour objet des faits de commerce, seront assimilées, par suite de l'état de cessation de paiements, aux associations commerciales en participation et aux sociétés anonymes, et seront liquidées suivant les mêmes règles.

CHAPITRE III

Du jugement déclaratif de cessation de paiements et de ses effets.

SECTION I

Des formes du jugement déclaratif de cessation de paiements.

14. — Le jugement déclaratif de cessation de paiements contiendra nomination d'un juge-commissaire.

Il contiendra nomination d'un séquestre provisoire dans les cas suivants : 1° si le débiteur est décédé en état de cessation de paiements ou s'il est en fuite ; 2° s'il se trouve en état de détention par suite de condamnations et dans l'impossibilité d'administrer ses biens ; 3° s'il déclare faire l'abandon de ses biens à ses créanciers et qu'il refuse d'en continuer l'administration ; 4° s'il est établi par le jugement même qui déclare la cessation de paiements, qu'il se trouve dans l'un des cas constitutifs de la banqueroute simple ou frauduleuse.

Il y aura encore lieu à nomination d'un séquestre provisoire par un jugement ultérieur, dans les cas prévus par les articles 6, 7 et 8.

Dans tous les autres cas, le débiteur en état de cessation de paiements conservera, jusqu'à la première assemblée des créanciers, l'administration de ses biens, sous les conditions déterminées par la loi.

15. — Si la demande en déclaration de cessation de paiements est introduite contre un débiteur qui a cessé le commerce ou qui est décédé, le tribunal compétent pour prononcer cette déclaration sera celui du lieu où le débiteur aura exploité son dernier établissement, et non celui du lieu où il aura établi son nouveau domicile.

Dans ce cas, le débiteur ou ses héritiers seront tenus, par une déclaration notifiée au greffe du tribunal, de faire élection de domicile, pour la signification de tous actes, dans le lieu où siège le tribunal qui connaîtra de la cessation de paiements. A défaut d'élection de domicile, toutes significations pourront leur être faites au greffe du tribunal.

16. — Le greffier du tribunal de commerce adressera dans les vingt-quatre heures, au procureur de la République du ressort, extrait des jugements déclaratifs de cessation de paiements, mentionnant les principales indications et dispositions qu'ils contiennent.

17. — Le jugement déclaratif de cessation de paiements sera publié par voie d'insertion dans les journaux, toutes les fois qu'il contiendra nomination d'un séquestre provisoire.

Dans tous les autres cas, la publication n'aura lieu qu'autant qu'elle sera justifiée par l'absence de livres ou le désordre de la comptabilité ; elle pourra alors être ordonnée par une décision de l'assemblée des créanciers, et même par le tribunal, soit sur la demande de tout créancier, soit d'office.

La publication aura lieu, de plein droit, lorsque l'assemblée des créanciers, après avoir refusé au débiteur le sursis ou le concordat, aura décidé la liquidation forcée, et que cette décision aura été homologuée par le tribunal.

Le jugement ordonnant la publication de la cessation de paiements, sera affiché et inséré par extrait dans les journaux, tant du lieu où le jugement aura été rendu que de tous les lieux où le débiteur aura des établissements commerciaux, suivant le mode établi par l'article 42 du Code de commerce.

18. — Le jugement déclaratif de cessation de paiements sera susceptible d'être rapporté lorsque, dans la huitaine de sa prononciation, s'il est contradictoire, ou de sa signification, s'il est par défaut, le débiteur justifiera qu'il a désintéressé tous les créanciers poursuivant la déclaration de cessation de paiements, qui auront une créance certaine, liquide et exigible.

Tout créancier aura aussi le droit, dans le même délai, de former opposition au jugement déclaratif de cessation de paiements.

Il ne sera statué par le tribunal sur la demande en rapport qu'après la première assemblée des créanciers qui exprimeront leur avis, et après avoir entendu le juge-commissaire.

En aucun cas, la demande en rapport ne suspendra l'exécution de jugement déclaratif de la cessation de paiements.

19. — Les avances faites par le greffier du tribunal et les émoluments auxquels il a droit lui seront remboursés par les administrateurs de la masse, et à défaut, par le Trésor public, après avoir été taxés par le juge-commissaire.

Lorsque les deniers appartenant à la masse ne pourront satisfaire immédiatement aux frais du jugement déclaratif de cessation de paiements, d'affiche et d'insertion dans les journaux, s'il y a lieu, l'avance de ces frais sera faite, sur l'ordonnance du juge-commissaire, par le Trésor public, qui en sera remboursé par privilège sur les premiers recouvrements, sans préjudice du privilège du propriétaire.

SECTION II

Des effets du jugement déclaratif de cessation de paiements.

20. — Le jugement déclaratif de cessation de paiements est exécutoire nonobstant opposition ou appel.

21. — Est nul tout arrangement amiable intervenu entre le débiteur et ses créanciers ou une partie d'entre eux, sans que cet arrangement ait été précédé d'un jugement déclaratif de cessation de paiements, et sans que les formes prescrites par la loi pour l'obtention du sursis ou du concordat aient été observées. La nullité aura lieu même lorsque l'arrangement clandestin sera dissimulé sous la forme d'engagements réguliers ; et elle sera prononcée, sans préjudice des peines portées par la loi, contre les auteurs et les complices de ces arrangements.

22. — A partir du jour du jugement déclaratif de la cessation de paiements, il ne pourra être dirigé aucune poursuite contre le débiteur ni pris inscription sur ses biens à la requête d'aucun créancier.

Les poursuites contre le débiteur seront suspendues, même à l'égard des créanciers privilégiés et du Trésor public

Pour justifier, vis-à-vis des tiers, de l'état de cessation de paiements, le greffier du tribunal délivrera, soit au débiteur qui continuera l'administration, soit au séquestre provisoire, un extrait dûment signé de lui, du jugement déclaratif de cessation de paiements.

23. — Le jugement déclaratif de cessation de paiements rendra exigibles, à l'égard du débiteur en état de cessation de paiements, les dettes passives non échues.

En cas de cessation de paiements du souscripteur d'un billet à ordre, de l'accepteur d'une lettre de change ou du tireur à défaut d'acceptation, les autres obligés sont tenus de donner caution pour le paiement à l'échéance, s'ils n'aiment mieux payer immédiatement.

24. — En cas de paiement immédiat par l'un des obligés d'un billet à ordre ou d'une lettre de change non échue et ne portant pas intérêts, le paiement sera fait sous déduction de l'intérêt légal, pour le temps qui restera à courir jusqu'à l'expiration du terme.

Les dettes non échues et ne portant pas intérêts dont le terme serait éloigné de plus d'une année, ne seront admises au passif que sous déduction de l'intérêt légal, calculé depuis le jugement déclaratif jusqu'à l'échéance.

Les arrérages d'une rente viagère deviendront exigibles par l'événement de la déclaration de cessation de paiements, sous déduction de l'intérêt légal, calculé comme il est dit au paragraphe précédent.

Le jugement déclaratif de cessation de paiements suspendra, à l'égard de la masse seulement, le cours des intérêts de toute créance qui ne sera pas garantie par une hypothèque, un privilège ou un gage. Les intérêts des créances garanties né pourront être réclamés que sur les fonds provenant des biens affectés au privilège, à l'hypothèque ou au gage.

Le créancier, dont les intérêts sont garantis hypothécairement ainsi que le capital, n'aura droit, en sus du remboursement du capital, qu'à deux années d'intérêts, outre l'année courante.

25. — La compensation n'aura pas lieu entre les dettes du débiteur en état de cessation de paiements non échues et les créances antérieures échues à son profit. Elle n'aura pas lieu non plus entre les dettes échues du débiteur qui a cessé ses paiements et les créances à lui dues non échues au moment de la déclaration de cessation de paiements.

Toutefois, en cas de sursis ou de concordat, la compensation s'opèrera jusqu'à concurrence et à mesure des termes de paiement qui auront été accordés au débiteur.

S'il existe un compte-courant entre le débiteur et une autre personne, la balance s'établira au jour de la dernière opération intervenue entre eux.

26. — S'il y a, parmi les créanciers, des porteurs d'obligations à prime, remboursables dans un certain délai d'après des tirages annuels, à un taux supérieur à celui de l'émission, ces porteurs auront droit, en cas de déclaration de cessation de paiements de la société débitrice, au remboursement de ces obligations au prix d'émission, en y ajoutant la somme nécessaire pour l'amortissement de la prime, en supposant que ce remboursement ait lieu au temps moyen où tous les porteurs actuels se trouvent avoir, au jour de la déclaration de cessation de paiements, des chances égales de remboursement, et en y ajoutant encore les coupons échus.

Cependant, si l'émission des obligations à prime par les administrateurs d'une société a été faite en dehors des statuts sociaux, les porteurs n'auront droit au remboursement qu'au simple taux de l'émission.

27. — Sont nuls et sans effet, relativement à la masse, lorsqu'ils auront été faits par le débiteur depuis l'époque déterminée par le tribunal comme étant celle de la cessation de ses paiements, et en tous cas, dans les six mois qui ont précédé l'époque de la cessation de paiements : tous les actes translatifs de propriétés mobilières ou immobilières à titre gratuit, toute remise de dettes, ainsi que toutes constitutions dotales et toutes reconnaissances d'emploi de capitaux faites par un conjoint commerçant en faveur de l'autre conjoint, toutes les fois que ces reconnaissances affectent des biens autres que les biens propres ou des biens sur lesquels le conjoint n'aurait pu avoir un droit de préférence.

Sont également nuls et sans effet, relativement à la masse, lorsqu'ils auront été faits par le débiteur depuis l'époque déterminée par le tribunal comme étant celle de la cessation de ses paiements, ou dans les dix jours qui auront précédé cette époque : tous actes, opérations ou contrats commutatifs à titre onéreux, si la valeur de ce qui a été donné par le débiteur en état de cessation de paiements dépasse notablement celle qu'il a reçue en retour ; tous paiements soit en espèces, soit par transport, vente, compensation ou autrement, pour dettes échues ; et, pour dettes non échues, tous paiements faits autrement qu'en espèces ou effets de commerce, toutes les fois que ces paiements ont pour objet des dettes antérieurement contractées, soit avant, soit depuis l'époque de la cessation de paiements ; toute hypothèque conventionnelle ou judiciaire, et tous droits d'antichrèse ou de nantissement constitués sur les biens du débiteur pour dettes antérieurement contractées. Toutefois la disposition qui précède ne s'applique pas aux hypothèques légales.

Dans le cas où le débiteur aurait, au moyen de prélèvements faits sur son actif et antérieurement à la période suspecte, constitué en sa faveur ou en faveur de sa femme ou de ses enfants, un titre d'assurance sur la vie, le titre ne sera valable que dans les termes et suivant les proportions indiquées par l'article 160.

28. — Les remises de fonds ou d'effets de commerce par celui qui est en état de cessation de paiements, lorsqu'elles sont destinées, non à éteindre des dettes antérieures, mais à continuer des opérations de commerce déjà engagées, ne sont pas frappées de nullité, bien que faites dans la période de cessation de paiements.

Tous autres paiements faits par le débiteur pour dettes échues, et tous autres actes onéreux par lui passés après la cessation de ses paiements et avant le jugement déclaratif de cessation de paiements, pourront être annulés si, de la part de ceux qui ont reçu du débiteur ou qui ont traité avec lui, ils ont eu lieu avec connaissance de la cessation de ses paiements.

Tous actes ou paiements faits en fraude des créanciers sont nuls, quelle que soit la date à laquelle ils ont eu lieu.

29. — Dans le cas où des lettres de change auraient été payées, avec ou sans protêt, après l'époque fixée comme étant celle de la cessation de paiements, et avant le jugement déclaratif de cessation de paiements, l'action en rapport ne pourra être intentée que contre celui pour le compte duquel la lettre de change aura été fournie. S'il s'agit d'un billet à ordre, l'action ne pourra être exercée que contre le premier endosseur. Dans l'un ou l'autre cas, la preuve que celui à qui on demande le rapport avait connaissance de la cessation de paiements à l'époque de l'émission du titre, devra être fournie.

30. — Les droits d'hypothèque et de privilège valablement acquis pourront être inscrits jusqu'au jour du jugement déclaratif de la cessation de paiements. Néanmoins, les inscriptions prises après l'époque de la cessation de paiements, ou dans les dix jours qui précèdent, pourront être déclarées nulles, s'il s'est écoulé plus de quinze jours entre la date de l'acte constitutif de l'hypothèque ou du privilège et celle de l'inscription.

31. — Lorsque des restitutions auront été ordonnées conformément aux dispositions qui précèdent, les intérêts courront, non du jour de la demande, mais du jour où ont été effectués les versements sujets à répétition.

32. — Les nullités résultant des dispositions précédentes n'étant établies que dans l'intérêt de la masse et vis-à-vis d'elle seulement, le débiteur personnellement ne pourra poursuivre l'exécution des jugements qui les prononcent. Il en est de même de la nullité des inscriptions tardivement prises.

33. — Le vendeur, dans un marché à livrer, n'aura, en cas de déclaration de cessation de paiements de l'acheteur, que l'option entre la livraison des marchandises contre paiement par la masse ou leur rétention ; mais il ne pourra réclamer de dommages-intérêts pour inexécution du marché.

Les commissaires ou les liquidateurs de la masse auront la faculté d'exiger la livraison des marchandises, en payant au vendeur le prix convenu entre lui et le débiteur en état de cessation de paiements.

Si c'est le vendeur qui est en état de cessation de paiements, les administrateurs de la masse auront le droit d'offrir la marchandise vendue ; et, en cas de refus par l'acheteur de prendre livraison, de réclamer contre lui tous dommages-intérêts à raison de l'inexécution de son obligation.

Le marché sera tacitement résilié si, après une mise en demeure restée sans réponse de l'une des parties ou de ses représentants, l'autre partie ne l'a pas fait assigner, dans la huitaine, en exécution du marché.

34. — Si le débiteur en état de cessation de paiements possède un brevet d'invention, le droit d'exploiter ce brevet devient seul le gage de ses créanciers ; mais le débiteur ne peut être privé du droit de l'exploiter personnellement et concurremment, et reste propriétaire du brevet lui-même.

SECTION III.

De la fixation de l'époque à laquelle a eu lieu la cessation de paiements.

35. — Après la première assemblée des créanciers, et à la première audience qui suivra, conformément à l'article 80, le tribunal de commerce déterminera, sur la demande des commissaires ou des liquidateurs, et le juge-commissaire entendu en son rapport, l'époque à laquelle a eu lieu la cessation de paiements. Le débiteur pourra être entendu, même sans citation préalable. A défaut des commissaires ou des liquidateurs, tout créancier aura le droit d'introduire l'instance à cet effet. Si l'instance est ouverte, il sera reçu intervenant.

Il sera statué par un seul même jugement, tant sur le report de la cessation de paiements que sur l'homologation des décisions de la première assemblée, prescrite par l'article 80.

Si aucune détermination spéciale par jugement n'est requise, la cessation de paiements est réputée avoir eu lieu à partir du jugement déclaratif de cessation de paiements ; et si le débiteur est décédé avant le jugement déclaratif, du jour de son décès.

36. — Le jugement qui fixe l'époque de la cessation de paiements sera, quant à cette fixation, susceptible d'opposition de la part de tout créancier ou de tout autre partie intéressée, dans la huitaine du jour où il aura été prononcé ; ce délai expiré, l'époque de la cessation de paiements demeurera irrévocablement déterminée, même à l'égard de toutes personnes qui ne seront pas intervenues au jugement.

Il ne pourra être délibéré par l'assemblée des créanciers, sur la demande de sursis ou de concordat, qu'après que le jugement statuant sur le report de la cessation de paiements sera devenu définitif.

CHAPITRE IV.

Des dispositions à l'égard de la personne du débiteur en état de cessation de paiements.

37. — Dans les cas où il y aura lieu à nomination d'un séquestre provisoire, le tribunal de commerce et, en cas d'urgence, le président du tribunal de commerce pourront, s'il est relevé contre le débiteur des faits ayant le caractère de la banqueroute frauduleuse, ou s'il a tenté de fuir ou préparé sa fuite, ordonner, sur simple requête d'un créancier, le dépôt de sa personne dans une maison d'arrêt, ou la garde de sa personne par un officier de police ou de justice, ou par un gendarme.

Lorsque le tribunal ou le président du tribunal aura ordonné le dépôt du débiteur ou la garde de sa personne, le juge-commissaire pourra proposer de lui accorder un sauf-conduit provisoire. Le tribunal, en accordant ce sauf-conduit, pourra obliger le débiteur à fournir caution de se représenter, sous peine de paiement d'une somme que le tribunal arbitrera, et qui, le cas avenant, sera dévolue à la masse. Le débiteur pourra demander sa mise en liberté au tribunal, qui statuera en audience publique, après avoir entendu le juge-commissaire.

Bien que la mise en liberté avec ou sans caution du débiteur ait été ainsi ordonnée par le tribunal de commerce, le débiteur pourra être maintenu en état de détention, sur les poursuites du ministère public.

Si aucune instruction criminelle n'est commencée contre le débiteur dans les vingt jours de la déclaration de cessation de ses paiements, il sera mis sur-le-champ en liberté.

38. — En aucun cas, le débiteur ne pourra s'absenter sans l'autorisation du juge-commissaire ; il sera tenu de se rendre à toutes les convocations qui lui seront faites, soit par le juge-commissaire, soit par le séquestre provisoire, soit par les commissaires ou les liquidateurs.

Dans tous les cas où la présence du débiteur incarcéré sera nécessaire, il sera, sur l'ordre du juge-commissaire, extrait du lieu où il est gardé et conduit là où sa présence sera requise.

Le débiteur pourra comparaître par fondé de pouvoir, s'il justifie de causes d'empêchement reconnues valables par le juge-commissaire.

39. — Le séquestre provisoire et les commissaires ou les liquidateurs pourront employer le débiteur pour faciliter et éclairer leur gestion ; le juge-commissaire fixera les conditions de son travail. Le tribunal de commerce statuera, en cas de contestation.

40. — Le débiteur pourra obtenir pour lui et sa famille, sur l'actif réalisable, des secours alimentaires qui seront fixés, sur sa requête, par le juge-commissaire, après que celui-ci aura entendu en leurs observations, soit le séquestre provisoire, soit les commissaires ou les liquidateurs. En cas de contestation, le tribunal de commerce statuera en audience publique, sur le rapport du juge-commissaire.

CHAPITRE V.

Des fonctions du séquestre provisoire.

41. — Le séquestre provisoire devra être choisi parmi les créanciers présumés, les membres des chambres syndicales ou les commerçants de la corporation commerciale du débiteur.

42. — Dans les trois jours du jugement déclaratif de cessation de paiements, le séquestre provisoire procédera, sans qu'il y ait lieu à apposition des scellés, à l'inventaire des biens du commerçant en état de cessation de paiements, lequel sera présent ou dûment appelé. Il sera assisté, pour cet inventaire, par un expert désigné par le juge-commissaire et choisi dans la même catégorie de commerçants que le séquestre provisoire.

43. — Le séquestre provisoire et l'expert seront informés de leur désignation par lettre chargée, émanant du greffe et contenant un extrait du jugement ; cet avis sera donné dans les vingt-quatre heures du jugement.

44. — L'inventaire sera dressé en triple minute par le séquestre provisoire, assisté de l'expert, qui le signera à chaque vacation. La première de ces minutes sera déposée au greffe du tribunal de commerce, dans les vingt-quatre heures ; la seconde sera soumise à l'assemblée générale des créanciers et remise aux mains des commissaires ou des liquidateurs ; la troisième restera entre les mains du séquestre.

45. — En cas de déclaration de cessation de paiements après décès, lorsqu'il n'aura point été fait d'inventaire antérieurement à cette déclaration, ou en cas de décès du débiteur avant l'ouverture de l'inventaire, il y sera procédé immédiatement, dans les formes ci-dessus prescrites et en présence des héritiers, ou eux dûment appelés.

La veuve, les enfants et les héritiers du débiteur pourront se présenter ou se faire représenter pour la formation du bilan et de l'inventaire, ainsi que dans toutes les opérations auxquelles donne lieu la cessation de paiements.

46. — En cas de cessation de paiements d'une société en nom collectif, il sera fait inventaire, non-seulement au siège principal de la société, mais encore au domicile séparé de chacun des associés solidaires.

47. — Les officiers du ministère public pourront se transporter au domicile du débiteur et assister à l'inventaire. Ils auront, à toute époque, le droit de requérir communication de tous les actes, livres ou papiers relatifs à la cessation de paiements.

48. — L'inventaire terminé, les marchandises, l'argent, les titres actifs, les livres et papiers, meubles et effets du débiteur, seront remis au séquestre, qui s'en chargera au bas dudit inventaire.

49. — Ne seront pas compris dans l'inventaire les vêtements, hardes, meubles et effets nécessaires au débiteur et à sa famille, et dont la délivrance sera autorisée par le juge-commissaire sur l'état que lui en soumettra le séquestre.

50. — La vente des objets sujets à dépérissement ou à dépréciation imminente, ou dispendieux à conserver, aura lieu à la diligence du séquestre, sur l'autorisation du juge-commissaire.

Le juge-commissaire décidera si la vente se fera, soit à l'amiable, soit aux enchères publiques, par l'entremise de courtiers ou de tous autres officiers publics proposés à cet effet. Le séquestre choisira, dans la classe d'officiers publics déterminée par le juge-commissaire, celui dont il voudra employer le ministère.

51. — Le séquestre continuera l'exploitation du fonds de commerce, sur l'autorisation du juge-commissaire.

Il sera généralement tenu de tous actes pour la conservation des droits du débiteur contre les propres débiteurs de celui-ci, et notamment de requérir l'inscription aux hypothèques sur les immeubles de ces débiteurs, si cette inscription n'a pas été déjà requise ; l'inscription sera prise au nom de la masse par le séquestre, qui joindra à ses bordereaux un certificat constatant sa nomination.

Il sera aussi tenu de prendre inscription, au nom de la masse des créanciers, sur les immeubles du débiteur dont il connaîtra l'existence. L'inscription sera reçue sur un simple bordereau énonçant la cessation de paiements, et relatant la date du jugement par lequel il aura été nommé.

52. — Les livres de commerce seront remis par l'expert au séquestre, après avoir été arrêtés par ledit expert, en présence du débiteur ou celui-ci dûment convoqué ; l'expert constatera sommairement, par son procès-verbal, l'état dans lequel ils se trouveront.

Les effets de portefeuille à courte échéance ou susceptibles d'acceptation, ou pour lesquels il faudra faire des actes conservatoires, seront aussi décrits et remis par l'expert au séquestre pour en faire le recouvrement. Le bordereau en sera remis au juge-commissaire.

Les autres créances seront recouvrées par le séquestre sur sa quittance.

Les lettres adressées au débiteur seront remises au séquestre qui les ouvrira ; le débiteur pourra, s'il est présent, assister à l'ouverture.

53. — Dans la huitaine de sa nomination, le séquestre remettra au greffe du tribunal la liste des créanciers présumés, pour qu'il soit procédé à leur convocation dans les formes et délais de la loi. Cette liste est établie, soit d'après les livres, soit d'après les déclarations du débiteur.

54. — Dans la quinzaine de son entrée en fonctions, le séquestre sera tenu de dresser, à l'aide des livres et papiers et des renseignements qu'il se procurera, le bilan du débiteur. A cet effet, il sera autorisé, ainsi que le juge-commissaire, à entendre le débiteur, ses commis et employés, et tout autre personne, tant sur ce qui concerne la formation du bilan que sur les causes et les circonstances de la cessation de paiements. Le bilan sera suivi d'un mémoire ou compte sommaire de l'état apparent de la cessation de paiements, de ses principales causes et circonstances, et des caractères qu'elle paraît avoir. Il sera fait en double original pour être, l'un remis au greffe et l'autre communiqué à la première assemblée des créanciers.

55. — Le séquestre ne pourra consentir à aucune transaction.

56. — Les sommes provenant des recouvrements seront versées par le sequestre à la Caisse des dépôts et consignations, conformément aux articles 95 et suivants.

Le séquestre pourra se faire assister, pour l'accomplissement des formalités qui précèdent, d'un comptable et d'un conseil, dont les émoluments seront passés en frais généraux.

CHAPITRE VI

Des devoirs du débiteur maintenu provisoirement dans l'administration de ses biens.

57. — Le débiteur en état de cessation de paiements qui continuera provisoirement l'administration de son établissement, jusqu'à ce qu'il ait été statué à cet égard par la première assemblée des créanciers, ne pourra procéder qu'aux actes de pure gestion ; il ne lui sera pas permis de transiger ; il ne pourra faire aucun paiement ni contracter de nouvelles dettes, ni généralement s'obliger à titre onéreux. Si, néanmoins, il s'oblige ainsi, il ne pourra exciper de son incapacité vis-à-vis de ceux avec lesquels il aura contracté ; ses créanciers et les administrateurs de la masse pourront seuls exercer ce droit.

Même après qu'il aura été maintenu dans l'administration de ses biens par l'assemblée des créanciers, le débiteur ne pourra transiger que dans les formes et sous les conditions indiquées par l'article 89. Mais il continuera d'exercer en son nom, sous la surveillance des commissaires, ses droits et actions tant actives que passives, sous les conditions prescrites par l'article 93.

CHAPITRE VII

Du juge-commissaire.

58. — Le juge-commissaire présidera les assemblées de créanciers ; il surveillera les opérations et la gestion des administrateurs de la masse ; il statuera par ordonnance dans tous les cas où la loi ordonne qu'il lui en sera référé ; il fera au tribunal de commerce le rapport de toutes les contestations que la déclaration de cessation de paiements fera naître, et qui seront de la compétence de ce tribunal.

Les rapports des juges-commissaires, en matière de cessation de paiements, devront toujours être faits par écrit et déposés au greffe du tribunal.

En aucun cas, le juge-commissaire qui fera le rapport ne pourra siéger parmi les juges qui statueront sur la contestation dont le rapport fera l'objet.

59. — Les ordonnances du juge-commissaire ne seront susceptibles de recours que dans les cas prévus par la loi. Ces recours seront portés devant le tribunal de commerce.

60. — Le tribunal de commerce pourra, à toutes les époques, remplacer le juge-commissaire de la cessation de paiements par un autre de ses membres.

CHAPITRE VIII

De la production des titres de créances et de la première assemblée des créanciers.

SECTION I

De la production des titres de créances.

61. — Le greffier du tribunal de commerce devra, dans les quarante-huit heures du dépôt de la liste des créanciers présumés, qui aura été fait, soit par le débiteur en état de cessation de paiements, maintenu dans l'administration de ses biens, soit par le séquestre provisoire, adresser à chacun de ces créanciers une lettre chargée, contenant convocation à une réunion générale. Les créanciers qui seront révélés ultérieurement, seront avertis et convoqués de la même manière.

Les bulletins de chargements seront et demeureront annexés à la minute de la circulaire, qui sera visée par le juge-commissaire.

62. — Les créanciers qui n'auraient pas été convoqués pourront assister à la réunion des créanciers, s'ils ont déposé au greffe leurs titres avec un bordereau indicatif des sommes par eux réclamées, et contenant élection de domicile, comme il est dit dans l'article suivant.

Les créanciers avertis par lettre du greffier devront également, avant la première assemblée des créanciers et pour avoir le droit d'y assister et délibérer, faire au greffe le dépôt de leurs titres, accompagnés du bordereau, comme il est dit ci-dessus.

Le greffier devra tenir état des titres et bordereaux, et en donner récépissé.

Il ne sera responsable des titres que pendant cinq années, à partir du jour de la deuxième assemblée des créanciers.

63. — Le bordereau de chaque créancier énoncera ses nom, prénoms, profession et domicile, le montant et les causes de sa créance, les privilèges, hypothèques ou gages qui y sont affectés et le titre d'où elle résulte.

Cette déclaration sera terminée par une affirmation conçue dans les termes suivants :

« J'affirme que ma présente créance est sincère et véritable. »

Elle sera signée par le créancier, ou en son nom par son fondé de pouvoir; dans ce cas, la procuration sera annexée au bordereau, et elle devra énoncer le montant de la créance et contenir l'affirmation ci-dessus prescrite.

Le bordereau contiendra, de la part du créancier non domicilié dans la commune ou siège le tribunal, élection de domicile dans cette commune.

A défaut par le créancier d'avoir élu domicile, toutes significations et toutes informations pourront lui être faites ou données au greffe du tribunal.

Mais le greffier sera tenu d'expédier immédiatement et par lettre chargée les notifications ou informations au créancier qu'elles intéresseront, à son domicile personnel. Les avances du chargement seront faites par le requérant.

64. — La production des titres de créances est recevable, de la part des créanciers domiciliés en France, jusqu'au jour de la seconde assemblée, dans laquelle il doit être procédé à la vérification des créances.

Passé ce délai, la production est encore recevable, en cas de sursis ou de concordat avec termes de libération, tant que les délais de la prescription, tels qu'ils sont fixés par la loi, suivant la nature de la créance, ne sont pas expirés. Mais, dans ce cas, la vérification sera faite devant le tribunal de commerce, en présence du débiteur et des représentants de la masse, sur le rapport du juge-commissaire; les frais en seront supportés par le créancier produisant. S'il a été accordé au débiteur des termes de paiement par le concordat, le créancier ainsi vérifié et admis ne sera payé qu'après que le débiteur sera entièrement libéré vis-à-vis des créanciers antérieurement reconnus et vérifiés.

65. — En cas de liquidation forcée, les créanciers défaillants, connus ou inconnus, ne seront pas compris dans les répartitions à faire. Toutefois la voie de l'opposition leur sera ouverte jusqu'à la distribution des deniers inclusivement, sous la condition de faire vérifier leurs créances dans les formes prescrites en l'article précédent; les frais de l'opposition demeureront toujours à leur charge. Leur opposition ne pourra suspendre l'exécution des répartitions ordonnancées par le juge-commissaire; mais s'il est procédé à des répartitions nouvelles, avant qu'il ait été statué sur leur opposition, ils seront compris pour la somme qui sera provisoirement déterminée par le tribunal, et qui sera tenue en réserve jusqu'au jugement de leur opposition. S'ils se font ultérieurement reconnaître

créanciers, ils ne pourront rien réclamer sur les répartitions ordonnancées par le juge-commissaire; mais ils auront le droit de prélever,
sur l'actif non encore réparti, les dividendes afférents à leurs créances
dans les premières répartitions.

Dans le cas prévu par le précédent paragraphe, la vérification
se fera devant le tribunal, en présence du débiteur et des liquidateurs
de la masse, le juge-commissaire entendu. Les autres créanciers,
antérieurement vérifiés et admis, seront recevables à contester. A cet
effet, le greffier du tribunal notifiera à tous les créanciers, par lettres
chargées et par simple extrait, la demande de vérification des nouveaux
créanciers, avec indication du jour de l'audience.

66. — S'il y a des créanciers domiciliés hors du territoire
continental de la France, le juge-commissaire déterminera le délai
dans lequel ces créanciers devront produire ; il sera fait mention de
cette prolongation dans les circulaires adressées aux créanciers par
la voie du greffe.

Aucune répartition de fonds ne pourra être faite, en cas de liquidation forcée, avant l'expiration de ce délai, sans que la part correspondante aux créances pour lesquelles ces créanciers seront portés
au bilan, ait été mise en réserve.

Lorsque ces créances ne paraîtront pas portées sur le bilan d'une
manière exacte, le juge-commissaire pourra décider que la réserve
sera augmentée, sauf aux liquidateurs à se pourvoir contre cette
décision devant le tribunal de commerce.

67. — A l'expiration du délai fixé par le juge-commissaire en
faveur des créanciers domiciliés hors du territoire continental de la
France, et si ces créanciers n'ont pas fait vérifier leur créance, la
part mise en réserve sera partagée entre les créanciers reconnus.

Dans le cas dont il s'agit, la vérification sera faite devant le juge-
commissaire, et en présence du débiteur et des liquidateurs ou
des commissaires.

La créance ainsi vérifiée ne pourra être contestée par les autres
créanciers que dans la huitaine du procès-verbal de vérification.

68. — Tout créancier exerçant les droits de son débiteur, conformément à l'article 1166 du Code civil, sera recevable à produire, pour
son débiteur, une créance que celui-ci aurait contre le commerçant
en état de cessation de paiements et à la faire vérifier.

L'affirmation pourra, dans le cas précédent, être remplacée par la déclaration du créancier qu'il n'est pas à sa connaissance que son débiteur ait été payé de la créance dont il s'agit.

69. — Toutes les déclarations des créanciers, les pièces produites à l'appui, tous actes, procès-verbaux, contredits, requêtes, ordonnances et jugements qui y sont relatifs, et généralement tous les actes relatifs à la procédure de cessation de paiements, dont la loi ordonnera le dépôt au greffe, y resteront déposés et seront, à toutes réquisitions, communiqués aux intéressés.

Cependant les titres de créances seront remis aux créanciers, à l'expiration du délai légal pour contester les créances affirmées, quand il ne sera intervenu aucune contestation sur ces créances ou qu'il aura été statué sur les contestations par un jugement devenu définitif.

Il sera tenu au greffe, pour chaque cessation de paiements, un tableau divisé en colonnes et contenant, pour chaque créance déclarée, les énonciations suivantes :

1° Le numéro d'ordre ;

2° Les nom, prénoms, profession et domicile du créancier qui aura déposé sa déclaration et ses titres, ainsi que l'élection de domicile faite par le créancier, si elle a eu lieu ;

3° La date de ce dépôt ;

4° Le montant de la créance déclarée ;

5° La désignation sommaire des biens ou objets sur lesquels on prétend qu'elle serait hypothéquée ou privilégiée ;

6° Son admission au passif ou son rejet ;

7° La date de cette admission ou de ce rejet ;

8° Les contredits ;

9° Les noms des créanciers contestants ;

10° Les dates des contredits ;

11° Le jour de la clôture du procès-verbal de vérification ;

12° Le jour fixé pour qu'il soit statué par le tribunal sur les contestations ;

13° Le sommaire du jugement ;

14° La date de ce jugement ;

15° Les autres renseignements qu'il pourra être utile de porter à la connaissance des intéressés.

Le tableau sera dressé par le greffier ; les énonciations exigées y seront faites successivement, jour par jour, et au fur et à mesure que les faits et circonstances auxquelles elles se rattachent se produiront. Il sera, à toute réquisition, communiqué aux intéressés.

SECTION II.

De la première assemblée des créanciers.

70. — La première assemblée des créanciers se réunira dans la quinzaine, à partir du jugement déclaratif de cessation de paiements, aux lieu, jour et heure qui seront fixés par le juge-commissaire. L'assemblée se formera sous sa présidence.

Les créanciers convoqués par lettres du greffier et tous ceux qui justifieront du dépôt de leurs titres de créances au greffe, s'y présenteront en personne ou par fondés de pouvoirs.

Il n'est pas nécessaire que la procuration soit en forme authentique ; mais la signature du mandant devra être légalisée.

Les fondés de pouvoirs des créanciers devront présenter leur procuration au juge-commissaire.

Chacun d'eux ne pourra représenter qu'une seule personne ; toutefois un créancier pourra en représenter un autre, mais un seul.

71. — Le débiteur sera appelé à cette assemblée ; il ne pourra s'y faire représenter qu'en cas d'empêchement de force majeure, et pour des motifs qui seront approuvés par le juge-commissaire. Il pourra se faire assister d'un conseil.

En cas d'empêchement de force majeure, dûment justifié, le débiteur pourra demander que la réunion soit reportée à un autre jour.

Les créanciers présumés et inscrits comme tels, représentant la majorité, en nombre et en sommes, des créanciers présents ou représentés, pourront toujours, sur la demande du débiteur, décider l'ajournement ; mais il n'y aura jamais lieu à un second ajournement.

En tous cas, la fixation du jour de la nouvelle réunion sera laissée au juge-commissaire ; et les créanciers seront convoqués par lettres chargées, par la voie du greffe, dans le délai de la loi.

Si les créanciers ne composent pas une majorité suffisante pour délibérer et que l'ajournement soit refusé, le débiteur sera, de plein droit, en état de liquidation forcée, et les liquidateurs seront nommés par le tribunal et choisis comme il est dit dans l'article 41.

La liquidation forcée est également de droit, et il est procédé à la nomination des liquidateurs, si le débiteur déclare ne demander ni sursis ni concordat.

72. — Toute société est représentée à l'assemblée des créanciers par les associés en nom collectif, les gérants ou les administrateurs, suivant la nature de la société ; et lorsqu'elle a été antérieurement dissoute, par son liquidateur.

S'il s'agit d'une société en nom collectif, les créanciers de la société ont le droit de se présenter aux assemblées des créanciers de chacun des associés personnellement responsables et, par suite, en état de cessation de paiements.

Toutefois les créanciers de la société ne viendront à la répartition dans la masse de chacun des associés personnellement responsables, qu'autant qu'ils ne seront pas couverts par l'actif social, et seulement pour la différence.

S'il s'agit de la cessation de paiements d'un associé, les créanciers personnels de cet associé pourront se faire attribuer sa part dans la société, à charge de supporter sa part contributive aux dettes sociales.

73. — Au jour de la première assemblée des créanciers, le juge-commissaire procédera, avant toute délibération, à l'appel des créanciers par nombre et par sommes, et joindra à la liste des créanciers les noms de ceux qui justifieront avoir fait le dépôt de leurs titres de créances au greffe.

Si une créance est contestée, le juge-commissaire, après avoir entendu les contestants, le créancier contesté et le débiteur, ou leurs fondés de pouvoirs, arbitrera provisionnellement la somme pour laquelle le créancier contesté sera admis aux délibérations de la première assemblée.

L'ordonnance ainsi rendue sera exécutoire sur l'heure, sans opposition ni appel ; mais elle ne préjudiciera pas au recours devant le tribunal de commerce, si la contestation est renouvelée à la seconde assemblée, lors de la vérification des créances ; et c'est seulement à partir du jour de la vérification que la contestation pourra être déférée au tribunal.

74. — Le débiteur, s'il a été maintenu dans l'administration de ses biens ou, en cas contraire, le séquestre provisoire fera à l'assemblée des créanciers un rapport sur l'état de la cessation de paiements et ses résultats probables, sur les formalités qui auront été remplies et les opérations qui auront eu lieu ; il communiquera l'état des dépenses faites et des recouvrements opérés depuis la déclaration de cessation de paiements.

Le débiteur devra répondre aux questions et observations qui lui seront soumises.

Si le rapport est présenté par le séquestre provisoire, il lui sera permis de fournir des explications contradictoires.

L'assemblée générale approuvera les comptes de gestion, à la majorité des créanciers en nombre et en sommes, le débiteur entendu. En cas de contestation, il en sera référé au tribunal de commerce, qui statuera sur le rapport du juge-commissaire.

Le rapport du débiteur ou du séquestre provisoire sera remis, dûment signé, au juge-commissaire qui dressera procès-verbal de tout ce qui aura été dit et décidé dans l'assemblée. Une copie du rapport sera déposée au greffe.

Le procès-verbal des délibérations de l'assemblée, dûment signé du juge-commissaire, sera également déposé au greffe.

75. — Les créanciers décideront, à la majorité en nombre et en sommes, s'il y a lieu de maintenir le débiteur dans l'administration de ses biens, sous la surveillance des commissaires, jusqu'à ce que les créanciers aient délibéré, dans une deuxième assemblée, sur les propositions de sursis ou de concordat qui seraient faites par le débiteur. Si cette majorité n'est pas obtenue, l'administration est transportée, de droit, aux commissaires.

Si la majorité ne se prononce pas pour la discussion d'un sursis ou d'un concordat, il y aura lieu à liquidation, et il sera procédé, séance tenante, à la nomination des liquidateurs.

76. — Dans les assemblées de créanciers, toutes les délibérations seront prises à la majorité en nombre et en sommes des créanciers admis, présents ou représentés, chaque fois que la loi n'indiquera pas un autre mode de supputation des voix.

Le sursis de paiements et le concordat ne pourront être accordés que par la majorité en nombre représentant les deux tiers en sommes des créances vérifiées et admises.

77. — Celui qui s'est rendu cessionnaire de plusieurs créances contre le débiteur en cessation de paiements, soit avant, soit depuis le jugement déclaratif, ne comptera que pour une seule voix dans la composition de la majorité en nombre.

78. — Les créanciers hypothécaires ou privilégiés et les créanciers nantis de gage, bien qu'ils soient soumis à la formalité de la vérification des créances, ne seront pas comptés dans la majorité en nombre ou en sommes, même dans le cas où leurs créances seraient contestées.

Il en est autrement s'ils renoncent expressément à leur privilége ou hypothèque ou à leur gage, ou s'ils y renoncent pour la quotité énoncée dans l'article 101.

Le vote, dans les assemblées des créanciers, emporte, de plein droit, cette renonciation, à moins qu'il n'ait été exprimé par le représentant d'un incapable, qui n'aurait pas été autorisé à cet effet. Mais, dans ce dernier cas, les administrateurs de la masse auront un recours en dommages-intérêts, contre le représentant de l'incapable dont l'intervention, de mauvaise foi, dans les votes de l'assemblée des créanciers, aura pu vicier les délibérations.

Cependant les créanciers qui, outre leur créance hypothécaire, privilégiée ou garantie par un gage, auront une autre créance chirographaire, seront comptés dans la composition de la majorité en nombre et en sommes, mais seulement à raison du montant de cette dernière créance.

79. — Les créanciers qui auront été condamnés comme complices du débiteur en état de cessation de paiements, à raison d'un fait constituant, pour le débiteur, un cas de banqueroute simple ou frauduleuse, ou seulement l'une des contraventions prévues par l'article 240, perdront, de plein droit, le droit de voter dans les délibérations des assemblées des créanciers, quel que soit l'objet de ces délibérations ; leurs créances ne seront comptées ni pour la majorité en nombre ni pour celle en sommes. Néanmoins, ils ne seront pas déchus du droit de s'opposer à l'homologation, et ils pourront faire valoir tous leurs autres droits comme créanciers.

SECTION III

De l'homologation des délibérations des assemblées de créanciers.

80. — Le procès-verbal des délibérations de chaque assemblée des créanciers sera soumis, à la requête des commissaires ou des liquidateurs, de tout créancier ou intéressé, du débiteur ou même d'office, à l'homologation du tribunal de commerce.

L'intervention de toute partie opposante sera admise, si cette partie justifie d'un intérêt, pourvu que l'opposition soit notifiée au greffe par une déclaration écrite et signée de l'opposant, et renouvelée à l'audience, sans qu'aucun délai soit accordé audit opposant.

L'affaire sera appelée d'urgence, devant le tribunal de commerce, à la première audience qui suivra le jour où l'assemblée aura eu lieu, sans citation préalable et toutes affaires cessantes.

81. — L'homologation ne pourra être refusée par le tribunal que si les formes et délais prescrits par la loi n'ont pas été observés, ou si les décisions prises par l'assemblée des créanciers sont contraires aux dispositions d'ordre public et d'intérêt général auxquelles la loi ne permet pas de déroger par des conventions particulières.

82. — Le tribunal statuera sur toutes les oppositions par un seul et même jugement, sur le rapport du juge-commissaire, après avoir entendu contradictoirement, s'ils se présentent, les administrateurs de la masse, le débiteur et les opposants. Le jugement, ainsi rendu, sera exécutoire par provision, nonobstant appel; il ne sera pas susceptible d'opposition.

83. — La demande à fin d'homologation ne pourra, en aucune manière, arrêter l'exécution par provision des décisions prises par l'assemblée des créanciers.

84. — Si, par suite du refus d'homologation, il y a lieu à une nouvelle convocation des créanciers, elle se fera suivant les formes ordinaires, et au plus tard, dans la huitaine du jugement. La majorité en nombre et en sommes des créanciers présents ou représentés décidera s'il y a lieu soit de réformer la décision annulée, soit de la maintenir, à charge par les administrateurs d'interjeter appel.

CHAPITRE IX

Des commissaires et des liquidateurs, et de leurs fonctions.

85. — Les commissaires ou les liquidateurs seront choisis par l'assemblée des créanciers, en tel nombre et dans telle catégorie de personnes qu'ils jugeront convenable, et même en dehors des créanciers. Le plus âgé sera, de droit, président ; et c'est à lui seul que seront faites toutes notifications et significations se rattachant à la cessation de paiements.

Leurs pouvoirs pourront être réglés par l'assemblée des créanciers ; mais sans qu'ils puissent excéder ceux spécialement déterminés par la loi.

86. — Les commissaires, investis du pouvoir d'administrer la masse au lieu et place du débiteur, et les liquidateurs exerceront tous droits et actions qui compéteront au débiteur ; ils administreront tous ses biens, même ceux qui pourront lui échoir tant qu'il sera en état de cessation de paiements. A partir du jour de leur nomination, toute action mobilière ou immobilière pourra être suivie ou intentée contre eux, sur une simple notification de leur nomination adressée par eux au poursuivant. Il en sera de même de toute voie d'exécution tant sur les meubles que sur les immeubles. Cependant le tribunal, lorsqu'il le jugera convenable, pourra recevoir le débiteur partie intervenante.

87. — Le débiteur déclaré en état de cessation de paiements continuera d'exercer en son nom les actions exclusivement attachées à sa personne, notamment celles qui intéressent sa considération, ou son honneur, ou son état.

88. — Le dessaisissement, pour le débiteur, de l'administration de ses biens, aura lieu même pour les rentes sur l'Etat qu'il peut posséder.

89. — Les commissaires chargés de l'administration de la masse et les liquidateurs pourront, avec l'autorisation du juge-commissaire, et le débiteur dûment appelé, transiger sur toutes les contestations qui intéressent la masse, même sur celles qui sont relatives à des droits et actions immobilières.

Toutefois, si l'objet de la transaction excède la dixième partie du montant du passif, la transaction devra être autorisée par l'assemblée des créanciers ; il en sera de même lorsque l'objet de la transaction sera indéterminé, si le juge-commissaire l'estime nécessaire.

90.— Les commissaires ou les liquidateurs devront, immédiatement après leur nomination, vérifier le bilan ou l'inventaire qui aura pu être fait par le débiteur maintenu dans l'administration provisoire de ses biens ; ils feront à ce sujet un rapport circonstancié à la deuxième assemblée des créanciers.

91.— Si les commissaires ou les liquidateurs sont en état de partage dans une délibération, ils devront soumettre le différend au juge-commissaire, qui les départagera. Mais le juge-commissaire pourra toujours, en raison de la gravité de la délibération, ordonner qu'il en soit référé à l'assemblée des créanciers, laquelle sera convoquée dans les formes légales.

92. — En cas d'absence, de démission, d'empêchement légitime ou de décès d'un ou plusieurs des commissaires ou des liquidateurs, l'administration ou la liquidation sera continuée par leurs collègues ; mais ils devront, sans délai, provoquer une réunion des créanciers, afin de pourvoir au remplacement, lequel aura lieu à la simple majorité en nombre et en sommes des créanciers présents ou représentés.

93. — Le débiteur maintenu dans l'administration de ses biens, sous la surveillance de commissaires, sera tenu d'informer, jour par jour, les commissaires de tous les incidents de son administration, et de leur fournir tous renseignements et explications. Il ne sera pas tenu du dépôt des sommes qu'il encaissera à la Caisse des consignations, à moins qu'il ne s'agisse de sommes importantes, et que les commissaires ne lui prescrivent ce dépôt.

Les commissaires pourront s'opposer aux actes qui leur paraîtront contraires aux intérêts de la masse.

En cas d'inexécution des dispositions qui précèdent, de la part du débiteur, ou si les commissaires estiment que la continuation par le débiteur offre des dangers pour la masse, ils pourront toujours convoquer l'assemblée des créanciers pour faire décider que l'administration sera retirée au débiteur.

94. — Lorsque la liquidation forcée aura été ordonnée, les liquidateurs devront, tous les trois mois et jusqu'à la fin de la liquidation, réunir l'assemblée des créanciers pour rendre compte de leurs opérations. A chacune de ces réunions, leur maintien ou leur remplacement sera mis aux voix ; le remplacement ne sera valablement résolu que par la majorité en nombre, représentant les deux tiers en sommes des créanciers vérifiés et admis.

Les articles 162 et suivants déterminent les autres pouvoirs des liquidateurs.

95. — Toutes les sommes provenant des ventes et recouvrements seront déposées par tous administrateurs de la masse à la Caisse des consignations ; toutefois les versements ne seront exigés que pour les sommes de cent francs et au-dessus.

Dans les trois jours des recettes, il sera justifié au juge-commissaire desdits versements ; en cas de retard, les administrateurs de la masse devront les intérêts des sommes qu'ils n'auront point versées.

96. — Lorsque le séquestre provisoire, les commissaires ou les liquidateurs auront besoin de certaines sommes, pour des opérations d'administration ou de liquidation, ils pourront retirer tout ou partie des sommes consignées, sur la présentation d'un mandat du juge-commissaire, qui autorise le retrait ; le mandat ne pourra être obtenu que sur la présentation d'un bordereau indiquant l'affectation des sommes ; le bordereau sera déposé au greffe du tribunal de commerce, le lendemain au plus tard de la signature et de la légalisation du mandat.

97. — Les répartitions de deniers aux créanciers se feront également par des mandats délivrés par les liquidateurs, visés par le juge-commissaire et légalisés, payables à présentation et au porteur, par la Caisse des consignations qui sera prévenue cinq jours avant l'ouverture de la répartition, au moyen d'un état général de répartition dressé par les liquidateurs et visé par le juge-commissaire, et dont un exemplaire sera déposé au greffe du tribunal.

98. — Chaque mois, la Caisse des consignations adressera au greffe du tribunal un bordereau indiquant le taux de l'intérêt et énonçant toutes les sommes versées ou retirées dans le courant du mois écoulé.

Les administrateurs de la masse devront également déposer chaque mois ou à l'expiration de leurs fonctions, au greffe du tribunal, un bordereau présentant tous les actes opérés dans le mois, ainsi que les recettes et les dépenses, les versements faits à la Caisse des consignations et les retraits de cette Caisse ; un exemplaire de ce bordereau sera remis par eux au juge-commissaire.

99.— Les commissaires et les liquidateurs, de même que le séquestre provisoire, n'auront droit qu'à leurs simples déboursés, dans lesquels entreront les émoluments des comptables, des conseils, des experts et de tous officiers ministériels qu'ils auront employés dans les opérations de la cessation de paiements. Toutefois il sera facultatif, pour la majorité en nombre et en sommes des créanciers, de leur allouer des honoraires et d'en fixer le montant.

CHAPITRE X.

De la vérification des créances et de la deuxième assemblée des créanciers.

SECTION I.

De la vérification des créances.

100. — La vérification des créances aura lieu à la deuxième assemblée des créanciers, et avant toute délibération sur aucun autre objet.

Les créances seront appelées suivant leur numéro d'ordre, et vérifiées par le juge-commissaire contradictoirement avec le débiteur, les commissaires ou les liquidateurs et les créanciers présents ou représentés.

Les dits et contredits seront énoncés au procès-verbal. Après quoi, le juge-commissaire devra prononcer sur l'admission provisionnelle, et sauf recours des contestants devant le tribunal de commerce, comme il est dit en l'article 80.

Si la créance est admise, les commissaires ou les liquidateurs signeront, sur chacun des titres, la déclaration suivante : *Admis au passif de la cessation de paiements de. . . . . pour la somme de. . . . . le. . . . . Le juge-commissaire visera la déclaration.

Le procès-verbal de vérification indiquera le domicile des créanciers et de leurs fondés de pouvoirs. Il contiendra la description sommaire des titres, mentionnera les surcharges, ratures et interlignes, et exprimera si la créance est admise ou contestée.

Si les opérations de vérification des créances et le vote sur le sursis ou le concordat ne peuvent être achevés en une seule séance, la continuation en aura lieu, de plein droit, le jour suivant, à l'heure indiquée par le juge-commissaire, et sans que de nouvelles convocations soient nécessaires.

101. — Les créanciers hypothécaires, privilégiés ou nantis de gage seront soumis à la vérification, alors même qu'ils ne prétendront point à la distribution des deniers appartenant à la masse chirographaire.

Ils auront le droit de contester les autres créances, même chirographaires.

En outre, les créanciers hypothécaires, privilégiés ou nantis d'un gage pourront participer aux délibérations des assemblées des créanciers, en renonçant à leurs hypothèques, privilèges ou gages, pour une quotité de leurs créances équivalant au moins à la moitié ; dans ce cas, leurs créances ne seront comptées que pour cette quotité dans les opérations relatives à la liquidation.

Le Trésor public lui-même sera soumis à la vérification de ses créances.

102. — L'admission d'une créance au passif, après vérification et sans contestation ni réserve, liera irrévocablement les parties, de telle sorte que l'admission ne pourra plus être attaquée, hormis le cas de dol, de fraude ou de force majeure qui en auraient empêché la vérification exacte et sincère, et hormis celui où la même créance aurait été portée en double emploi au passif.

L'admission sera ainsi définitive, même à l'égard des créanciers qui ne produiront qu'après la clôture du procès-verbal de vérification.

En aucun cas, l'annulation d'une créance. pour l'une des causes ci-dessus exprimées, ne pourra vicier les décisions prises par les assemblées de créanciers, à l'exception de celles relatives au sursis ou au concordat, et seulement lorsque, par suite de cette annulation, la majorité en nombre et en sommes, requise par la loi, ne se rencontrera plus.

103. — Le tribunal de commerce, en même temps qu'il statuera, conformément à l'article 80, sur l'homologation des décisions prises par la seconde assemblée des créanciers, procédera, dans les mêmes formes et délais, et par un seul et même jugement, s'il est possible, au règlement de toutes les créances contestées quant à leur existence ou à leur chiffre.

Ce jugement sera rendu contradictoirement avec le débiteur, les commissaires ou les liquidateurs, les créanciers contestés, s'ils se présentent, et sur le rapport du juge-commissaire.

Les contestations qui ne pourront recevoir une décision immédiate seront disjointes ; celles qui ne seront pas de la compétence du tribunal de commerce seront renvoyées devant le juge compétent. Le tribunal pourra, toutefois, dans l'un et l'autre cas, réformant l'ordonnance du juge-commissaire qui aura fixé l'admission provisionnelle, décider pour quelle somme les créanciers contestés pourront être admis à voter dans les délibérations ultérieures des assemblées des créanciers. Cependant le tribunal de commerce pourra, ainsi que le juge-commissaire, refuser même l'admission provisionnelle jusqu'à ce qu'une décision soit intervenue sur le fond de la contestation. Le refus d'admission provisionnelle ne pourra jamais invalider les décisions régulièrement prises par l'assemblée des créanciers, ni retarder les opérations de liquidation.

104. — Aucune opposition ne sera reçue contre le jugement qui statuera sur les contestations de créances, ni contre ceux qui statueront ultérieurement sur les contestations disjointes. Le jugement qui prononcera une admission provisionnelle de créanciers contestés ne sera, en outre, susceptible ni d'appel ni de recours en cassation.

Toutes contestations, concernant la vérification des créances et l'admission des privilèges et hypothèques, ou concernant la liquidation, qui seraient de la compétence des tribunaux civils, y seront portées à bref délai et jugées d'urgence comme affaires sommaires. Il en sera de même pour toutes les contestations de même nature qui seront portées devant les tribunaux d'appel.

105. — Le procès-verbal de vérification des créances sera clos par le juge-commissaire, en présence des commissaires ou des liquidateurs et du débiteur, après le jugement qui statuera définitivement sur toutes les créances contestées, et à l'expiration des délais accordés aux créanciers domiciliés hors du territoire continental de la France, conformément à l'article 66, pour la production et la vérification de leurs créances.

Si aucune créance n'est contestée, le procès-verbal sera clos par le juge-commissaire, à la deuxième assemblée des créanciers, après l'appel et la vérification de toutes les créances inscrites.

Les créanciers inconnus et qui ne se seront révélés qu'après l'appel et la vérification de toutes les créances inscrites dans la deuxième assemblée des créanciers, et ceux qui, bien que connus, n'auront été ni présents ni représentés à l'assemblée des créanciers pour y renouveler leur affirmation, ne pourront affirmer ultérieurement leurs créances et les faire admettre que dans les formes et sous les conditions prescrites par les articles 64 et 65.

SECTION II.

De la deuxième assemblée des créanciers.

106. — La deuxième assemblée des créanciers aura lieu à l'expiration de la quinzaine qui suivra la première assemblée; et, s'il y a contestation sur l'époque à laquelle devra être reportée la cessation de paiements, dans la huitaine du jour où il sera intervenu un jugement définitif, conformément à l'article 36.

Les créanciers seront convoqués par lettres chargées et adressées par la voie du greffe. Les lettres énonceront qu'il sera procédé à la vérification des créances et qu'il sera statué sur les propositions de sursis ou de concordat faites par le débiteur.

107. — Après la vérification des créances, les commissaires ou les liquidateurs présenteront à l'assemblée des créanciers un rapport qui confirme ou rectifie le bilan et l'inventaire présentés à la première assemblée des créanciers: ils exposeront, à la suite de ce rapport, d'après les renseignements qu'ils auront pu recueillir, un état des ressources présentes de la masse et de celles que pourront donner soit la continuation de l'exploitation de l'établissement du débiteur, soit la liquidation; ils fourniront enfin un état des recettes et des dépenses, et présenteront leurs comptes de gestion qui devront être approuvés.

Après la lecture et la discussion de ces rapport et état, et après qu'il aura été délibéré, s'il y a lieu, sur les propositions de sursis ou de concordat faites par le débiteur, l'assemblée des créanciers statuera, conformément à l'article 94, sur le maintien ou le remplacement des commissaires ou des liquidateurs.

Les rapport et état ci-dessus prescrits, dûment signés des commissaires ou des liquidateurs, seront déposés au greffe du tribunal.

CHAPITRE XI.

Du sursis et du concordat.

SECTION I.

Dispositions générales, relatives au sursis et au concordat.

108. — Dans les trois jours qui suivront la première assemblée des créanciers, le débiteur devra déposer au greffe du tribunal, autographiées ou imprimées, ses propositions de sursis ou de concordat et les conditions auxquelles il se soumet ; le dépôt en sera fait en autant d'exemplaires qu'il y aura de créanciers inscrits au greffe ; des exemplaires seront remis au juge-commissaire et aux commissaires ; un autre exemplaire restera déposé au greffe.

Chacun des créanciers et des commissaires recevra ces propositions par la voie du greffe, sous pli chargé, en même temps que la lettre de convocation à la deuxième assemblée des créanciers.

Tout créancier représenté par un fondé de pouvoir, qui acceptera les propositions du débiteur, devra l'énoncer dans la procuration, à peine de nullité de ladite procuration.

109. — Si, à la deuxième assemblée, des propositions nouvelles sont faites et acceptées par la majorité légale en nombre et en sommes, l'acceptation donnée par les fondés de pouvoirs ne sera définitive qu'après ratification par les créanciers représentés, sur l'envoi des propositions nouvelles à ces créanciers, dans la forme indiquée dans l'article précédent.

Les ratifications dûment signées de chacun des créanciers représentés et légalisées seront adressées au greffe du tribunal.

Si, dans la quinzaine de la deuxième assemblée, les ratifications régulières n'ont pas été toutes adressées au greffe du tribunal, et que la majorité en nombre et en sommes n'existe plus pour qu'il y ait sursis ou concordat, une troisième assemblée pourra être convoquée, sur la demande du débiteur. Il n'y aura pas lieu à d'autre ajournement.

110. — Lorsqu'une instruction en banqueroute simple ou frauduleuse aura été commencée contre le débiteur en état de cessation de paiements, l'assemblée des créanciers ne pourra valablement délibérer sur un sursis ou un concordat avant qu'il n'ait été statué par la juridiction criminelle. Néanmoins, l'assemblée des créanciers pourra décider, soit qu'il y a lieu à ajourner toute délibération jusqu'à l'issue des poursuites, soit que le sursis ou le concordat est dès à présent refusé et qu'il y a lieu à liquidation.

111. — Aucun sursis ni concordat ne pourra être consenti, et s'il l'a été, l'homologation en sera refusée par le tribunal, lorsque le débiteur aura été condamné comme banqueroutier simple ou frauduleux.

La disposition qui précède ne fera pas obstacle au concordat par substitution, tel qu'il est réglé par l'article 139 ; toutefois le débiteur sera privé du droit de s'y opposer, même en offrant caution.

112. — La signature du concordat ou celle du sursis par les créanciers n'est pas nécessaire ; il suffit que le juge-commissaire constate au procès-verbal le vote de chacun des créanciers présents ou représentés ; le procès-verbal fera pleine foi à cet égard, après qu'il en aura été donné lecture à l'assemblée des créanciers, et que mention de cette lecture aura été faite au procès-verbal. Le juge-commissaire donnera acte, à la suite, de toutes protestations ou réserves qui seraient faites par des créanciers, quant au vote exprimé par l'assemblée.

113. — Si, à la deuxième assemblée des créanciers, le concordat ou le sursis n'est consenti que par une seule des majorités en nombre et en sommes requises par la loi, la délibération sera remise à huitaine pour tout délai ; dans ce cas, les résolutions prises et les adhésions données à l'assemblée précédente demeureront sans effet.

114. — Aussitôt après que le jugement d'homologation du sursis ou du concordat aura été rendu, les commissaires, s'ils ont été chargés de l'administration au lieu et place du débiteur, rendront à celui-ci leur compte définitif, en présence du juge-commissaire ; ce compte sera débattu et arrêté ; il en sera dressé procès-verbal par le juge-commissaire. En cas de contestation, le tribunal de commerce prononcera.

Aucune opposition ne sera recevable de la part du débiteur qui, sans justifier d'un empêchement légitime, ne se présentera pas à la reddition de comptes, sur une simple lettre chargée qui lui sera adressée par la voie du greffe.

115. — En même temps que les commissaires rendront leurs comptes, ils remettront au débiteur l'universalité de ses biens, livres, papiers et effets. Le débiteur en donnera décharge. Il sera dressé procès-verbal de cette remise par le juge-commissaire. En cas de contestation, le tribunal de commerce prononcera.

Le débiteur replacé à la tête de ses affaires, les prendra dans l'état où elles se trouveront au moment où il sera réintégré dans ses droits. Il ne lui appartiendra pas de critiquer l'administration des commissaires, après que leurs comptes de gestion auront été approuvés.

116. — Dans le cas où l'assemblée des créanciers aurait alloué des honoraires au séquestre provisoire ou aux commissaires, le débiteur qui aura été admis au bénéfice du sursis ou du concordat, pourra en obtenir la réduction par jugement du tribunal de commerce, le juge-commissaire entendu en son rapport, s'ils sont jugés excessifs.

117. — Le débiteur qui aura obtenu un sursis ou un concordat rentrera dans l'exercice de ses droits et actions, sous les réserves admises par la loi ; il reprendra en son nom les instances qui auront pu être introduites par les commissaires.

Si une créance qui n'était pas encore échue au moment de la déclaration de cessation de paiements devient exigible après le sursis ou le concordat, le débiteur n'en devra le paiement qu'aux termes et aux conditions stipulées par le sursis ou le concordat.

118. — Les obligations prises par les commissaires ou les liquidateurs et celles prises, avec l'autorisation des commissaires, par le débiteur maintenu dans l'administration de ses biens, lorsqu'elles excéderont l'actif, ne pourront jamais être poursuivies contre les créanciers personnellement, et ces créanciers ne seront pas tenus au delà des forces de la masse, à moins qu'ils n'aient autorisé ces engagements.

Les créanciers qui auront autorisé ces engagements, au contraire, seront tenus personnellement au delà de leur part dans l'actif, mais seulement dans les limites du mandat qu'ils auront donné. Ils contribueront au prorata de leurs créances.

119. — Les commissaires ou les liquidateurs et le débiteur maintenu dans l'administration de ses biens, ne pourront représenter les créanciers hypothécaires ou privilégiés, dans l'exercice de leurs droits et actions, qu'autant que l'intérêt de ces créanciers ne sera pas en opposition avec celui de la masse.

120. — Les non-commerçants en état de déconfiture, bien qu'ils puissent être admis au bénéfice du sursis, conformément à l'article 133, ne pourront jamais bénéficier du concordat.

SECTION II.

Du sursis de paiements.

121. — L'assemblée des créanciers pourra, à la majorité en nombre et en sommes déterminée par l'article 76, accorder un sursis de paiements au débiteur malheureux et de bonne foi, qui est contraint de cesser temporairement ses paiements, mais qui, d'après son bilan et son inventaire dûment vérifiés, a des moyens suffisants pour satisfaire tous ses créanciers en principal, intérêts et frais.

122. — La décision de l'assemblée des créanciers qui accordera le sursis sera publiée et affichée suivant les formes prescrites par l'article 17, dans les trois jours du jugement qui aura homologué cette décision.

Si le sursis est accordé à une société en nom collectif, les noms de tous les associés solidairement responsables seront également publiés.

Le sursis pourra être accordé aux sociétés par actions, toutes les fois que l'assemblée des actionnaires se sera prononcée, à la majorité fixée conformément aux statuts, contre la liquidation et pour la demande de sursis, et après que le sursis aura été consenti par l'assemblée des créanciers, à la majorité en nombre et en sommes déterminée par l'article 76.

Le bénéfice du sursis ne passera pas, de droit, aux héritiers du débiteur auquel il aura été accordé.

123. — L'assemblée des créanciers nommera un ou plusieurs commissaires chargés de surveiller et de contrôler les opérations du débiteur pendant la durée du sursis.

124. — Le débiteur qui aura obtenu un sursis ne pourra, sans l'autorisation des commissaires, aliéner, engager ou hypothéquer ses biens, meubles ou immeubles, plaider, emprunter, recevoir aucune somme, faire aucun paiement, ni se livrer à aucun acte d'administration ; il ne pourra transiger que dans les formes établies par l'article 89.

S'il s'élève un différend entre les commissaires et le débiteur, il sera statué par le juge-commissaire. Néanmoins, celui-ci pourra ordonner que le différend soit soumis à l'assemblée des créanciers, qui sera convoquée à cet effet.

125. — Dans le cas où le sursis sera résolu pour inexécution de la part du débiteur et où, à son expiration, il y aura lieu soit à concordat, soit à liquidation forcée, l'époque de la cessation de paiements sera, par dérogation à l'article 35, reportée, de plein droit, au jour de la demande de sursis.

126. — Pendant la durée du sursis, aucune voie d'exécution ne pourra être employée contre les biens du débiteur. Les saisies pratiquées avant le sursis demeureront en état ; mais le tribunal pourra, selon les circonstances, en accorder main-levée, après avoir entendu le débiteur, le créancier et les commissaires, et sur le rapport du juge-commissaire.

Le sursis ne suspendra pas le cours des actions intentées ni l'exercice d'actions nouvelles contre le débiteur, à moins que ces actions n'aient pour objet la demande de paiement d'une créance non contestée ; l'exécution seule sera suspendue par le sursis.

Toutefois il ne pourra être pris, pendant la durée du sursis, aucune inscription hypothécaire sur les immeubles du débiteur, en vertu de jugements rendus durant la même période.

127. — Le sursis ne s'appliquera qu'aux engagements contractés antérieurement à son obtention. Il ne profitera point aux codébiteurs ni aux cautions qui auront renoncé au bénéfice de discussion. Il sera sans effet relativement : 1° aux impôts et autres charges publiques ; 2° aux créances garanties par des priviléges, hypothèques ou nantissements ; 3° aux créances dues à titre d'aliments ; 4° aux fournitures de subsistances faites au débiteur et à sa famille, pendant les six mois qui ont précédé le sursis.

128. — Les créanciers hypothécaires ou privilégiés ne pourront, pendant la durée du sursis, faire procéder à la saisie ou à la vente des immeubles et de leurs accessoires nécessaires à l'exercice de la profession ou de l'industrie du débiteur, pourvu que les intérêts courants des créances garanties soient exactement payés.

129. — En matière de commission, le sursis de paiements accordé au commettant n'empêchera pas le commissionnaire d'exercer le privilège que lui confère la loi, sur les effets et valeurs de son commettant.

130. — Seront nuls et sans effet tous les actes faits par le débiteur, qui aura obtenu sursis, sans l'autorisation des commissaires, dans tous les cas où cette autorisation est requise.

131. — Le paiement des créances existant au moment de la déclaration de cessation de paiements ne pourra, pendant la durée du sursis, être fait qu'à tous les créanciers ensemble et contributoirement, suivant les formes admises par le droit commun pour la distribution des dividendes; le tout, sans préjudice des droits des créanciers hypothécaires, privilégiés ou nantis de gage.

132. — Le sursis ne pourra être accordé pour un terme qui excède une année, du jour du jugement déclaratif de la cessation de paiements. Il ne pourra être prorogé que sur la décision d'une nouvelle assemblée des créanciers et sur la présentation par les commissaires d'un bilan et d'un inventaire.

133. — La révocation du sursis poura être demandée dans les cas prévus par l'article 111, et, en outre, si le débiteur est condamné pour crime ou pour délit commun, à une peine d'emprisonnement qui le mette dans l'impossibilité de continuer l'administration de ses biens; s'il a commis l'un des actes qu'il lui est défendu de faire sans l'assistance des commissaires, conformément aux dispositions qui précèdent, ou s'il apparaît que son actif n'offre plus de ressources suffisantes pour payer intégralement toutes ses dettes.

Dans ces divers cas, les commissaires pourront toujours requérir la convocation de l'assemblée des créanciers, pour qu'il soit procédé au retrait du sursis et statué soit sur l'admission d'un concordat, soit sur la liquidation.

Toutefois, si la révocation du sursis a lieu par suite d'une condamnation en banqueroute simple ou frauduleuse, la liquidation forcée sera de droit, et les commissaires procéderont comme séquestres provisoires, suivant les formes énoncées en l'article 149.

134. — Tout créancier pourra également, sur requête motivée, présentée au juge-commissaire, obtenir, à raison de l'un des faits énoncés dans l'article précédent, la convocation immédiate des créanciers pour qu'il soit statué sur le retrait de sursis. Le juge-commissaire ne prononcera qu'après avoir entendu les commissaires et le débiteur, ce qui sera mentionné dans son ordonnance.

Sur le refus du juge-commissaire, le créancier pourra porter sa demande devant le tribunal de commerce, qui accordera ou refusera la convocation des créanciers, sur le rapport du juge-commissaire ; les commissaires et le débiteur devront être cités, à peine de nullité.

Le jugement qui ordonnera ou refusera la convocation des créanciers ne sera susceptible ni d'opposition, ni d'appel, ni même de recours en cassation.

Cependant le débiteur pourra former opposition au jugement ordonnant la convocation des créanciers si, par suite d'un empêchement légitime, il n'a pas été entendu.

135. — Le sursis de paiements pourra être accordé par l'assemblée des créanciers, même aux non-commerçants.

Mais, dans ce cas, le jugement d'homologation de la décision des créanciers qui accorde le sursis, sera publié et inséré dans les journaux, dans les formes prescrites par l'article 120.

Toutes les dispositions qui précèdent seront applicables à ce sursis.

Si, à l'expiration du sursis, il y a déconfiture ou cession de biens, les hypothèques prises en vertu de jugements rendus pendant sa durée, ainsi que tous les actes faits par le débiteur sans l'autorisation des commissaires, dans les cas où cette autorisation est requise, seront nuls et de nul effet.

SECTION III

Du Concordat.

136. — Est nul, de plein droit, le concordat stipulant, au profit du débiteur, remise d'une partie de sa dette, ou stipulant un abandon d'actif, avec ou sans obligation de payer certains dividendes sur les biens à venir, moyennant libération du surplus de la dette.

137. — Le concordat ne pourra accorder au débiteur un délai de plus de dix années pour se libérer par termes, avec ou sans caution, en capital, intérêts et frais.

138. — Le débiteur concordataire ne pourra céder ou aliéner, en tout ou en partie, l'établissement dans lequel il a été maintenu, que s'il est autorisé, à cet effet, de l'assemblée des créanciers, et à charge de leur en transporter le prix. Cependant il pourra toujours abandonner son établissement à ses créanciers; mais il perdra ainsi le bénéfice de son concordat et sera soumis à la liquidation forcée, à moins qu'il ne fournisse une caution qui soit agréée par l'assemblée des créanciers.

Le débiteur qui aura fait l'abandon de son actif ne pourra obtenir de concordat qu'autant qu'il fournira caution pour assurer l'extinction intégrale de son passif.

139. — Si une ou plusieurs personnes consentent à prendre l'établissement du débiteur, à charge de satisfaire à ses engagements à des conditions déterminées et dans un délai qui ne pourra excéder dix années, le débiteur sera complétement quitte et déchargé vis-à-vis des créanciers, dont la majorité en nombre et en sommes aura accepté ce concordat par substitution. Le débiteur ne pourra s'y opposer qu'autant qu'il fournira bonne et valable caution de remplir lui-même, vis-à-vis des créanciers, les conditions proposées par celui qui accepte la substitution.

140. — Alors même que le concordat aurait été refusé au débiteur, à la première ou à la deuxième assemblée des créanciers, celui-ci sera toujours en droit, à toute époque et tant qu'il ne sera pas définitivement libéré, de provoquer, avec l'autorisation du juge-commissaire, la réunion des créanciers, afin d'obtenir un concordat à la majorité légale en nombre et en sommes fixée par l'article 76, et sous toutes les autres conditions déterminées par la loi.

141. — Si une succession, un legs ou une donation vient à échoir au débiteur concordataire avant sa libération, ses créanciers seront admis à faire valoir les droits de la masse sur les biens ainsi acquis par le débiteur, sous la réserve introduite par l'article 160 ; et cela, en dehors des termes et délais accordés au débiteur pour se libérer, et jusqu'à parfait paiement. Si les sommes provenant de cette succession n'éteignent la dette que partiellement, il en sera fait imputation sur le montant des derniers termes accordés au débiteur pour sa libération.

142. — Aucun concordat ne pourra être accordé aux sociétés par actions.

Le concordat consenti au profit d'une société en nom collectif ne profitera pas, de plein droit, à tous les associés solidairement responsables. De même, le concordat pourra être consenti au profit d'un ou plusieurs des associés solidairement responsables, sans l'être au profit des autres associés ni de la société. Tout l'actif de la société qui n'aura pas bénéficié d'un concordat et tout l'actif des débiteurs non concordataires seront ainsi soumis à la liquidation forcée.

L'associé concordataire ne sera pas déchargé de la solidarité, sauf son recours contre ses coassociés dont il aura éteint la part contributive dans le passif social.

143. — Si le concordat est garanti par des cautions, leur consentement sera mentionné au procès-verbal et dûment signé, séance tenante, soit d'elles, soit de leurs fondés de pouvoirs.

La solidarité de la caution et du débiteur en état de cessation de paiements se présumera toujours, à moins de convention contraire.

144. — Le débiteur restera soumis, jusqu'à l'entier accomplissement des conventions stipulées dans le concordat, à la surveillance des commissaires. Cette surveillance s'étendra sur l'administration et les opérations nouvelles du débiteur. Les commissaires ne pourront s'immiscer activement dans la direction des affaires du débiteur ; mais celui-ci devra leur donner communication de ses livres, à toute réquisition, et leur fournir des notes sur les entrées et sorties de fonds ou de

marchandises. Les dividendes versés par le débiteur seront distribués par leurs soins dans les mêmes formes que s'il y avait liquidation forcée; ils en donneront quittance au débiteur.

145. — Si le débiteur concordataire compromet les sûretés que son concordat stipule en faveur de ses créanciers, en aliénant, engageant ou hypothéquant ses biens, meubles ou immeubles, ou en empruntant; si ses dépenses domestiques sont trop exagérées pour qu'il puisse remplir ses engagements; s'il détourne des fonds pour un objet étranger à son commerce; s'il refuse aux commissaires la communication de ses livres ou s'il produit des bilans ou des notes dans lesquels sa situation active et passive soit dissimulée; s'il n'acquitte pas les dividendes promis par son concordat aux termes fixés, les commissaires pourront, même si ces faits sont découverts après l'homologation du concordat, convoquer l'assemblée des créanciers. Cette assemblée décidera s'il y a lieu de faire ordonner par le tribunal la liquidation forcée ou de maintenir le concordat.

146. — S'il y a eu concordat par substitution, conformément à l'article 139, le substituant ne sera soumis à aucune surveillance des commissaires; et ceux-ci n'interviendront que pour recevoir les dividendes, s'il y a lieu, et en faire la distribution. Le substituant qui ne remplira pas ses engagements vis-à-vis de la masse sera déclaré en état de cessation de paiements, dans la même forme que s'il n'était pas intervenu de concordat.

SECTION IV.

De l'homologation du sursis et du concordat, et de leur révocation.

147. — L'homologation du sursis ou du concordat le rendra obligatoire pour tous les créanciers portés ou non au bilan, vérifiés ou non vérifiés, et même pour les créanciers domiciliés hors du territoire continental de la France, ainsi que pour ceux qui auraient été admis par provision à délibérer, quelle que soit la somme que le jugement définitif leur attribuerait ultérieurement.

L'homologation conservera à la masse des créanciers, sur les immeubles du débiteur, l'hypothèque inscrite en vertu de l'article 51. A cet effet, les commissaires feront inscrire aux hypothèques le sursis ou le concordat, en son entier, et à la suite, le jugement d'homologation.

L'inscription hypothécaire dont il s'agit frappera les biens présents et à venir du débiteur en état de cessation de paiements, et aura ainsi le caractère de l'hypothèque judiciaire. Il n'en sera donné main-levée qu'après libération intégrale.

148. — Aucune action en nullité du sursis ou du concordat ne sera recevable, après l'homologation, que pour cause de dol découvert depuis cette homologation, et résultant, soit de la dissimulation de l'actif, soit de l'exagération du passif.

Toute condamnation pour banqueroute frauduleuse ou même pour banqueroute simple, qui surviendra après le sursis ou le concordat, emportera de plein droit, son annulation.

149. — Dès que l'annulation du sursis ou du concordat aura été prononcée par jugement ou dès qu'elle résultera d'une condamnation comme il est dit en l'article précédent, les commissaires exerceront les fonctions du séquestre provisoire et provoqueront la réunion des créanciers, dans les formes de la loi, pour régler les conditions de la liquidation ; ils dresseront également le bilan et l'inventaire, et feront toutes publications et insertions.

A l'assemblée des créanciers, qui aura lieu dans la quinzaine du jugement, il sera procédé à la vérification des titres de créances des créanciers nouveaux, s'il en existe ; il n'y aura pas lieu à vérification des créances antérieurement admises et affirmées, sans préjudice de leur réduction, si des dividendes ont été payés.

150. — L'opposition au sursis ou au concordat, de la part de tout créancier admis ou même contesté, ne sera recevable que dans les formes et délais prescrits par les articles 80 et suivants ; elle sera jointe à la demande d'homologation des autres délibérations prises par la deuxième assemblée des créanciers, pour être statué par un seul et même jugement, sur le rapport du juge-commissaire.

Toutefois l'opposition formée par un créancier dont le titre est contesté ne sera recevable qu'autant que sa créance aura été préalablement admise par le tribunal.

151. — L'homologation du sursis ou du concordat ne pourra être refusée par le tribunal que par des motifs tirés de l'infraction à des dispositions d'ordre public ou de l'inobservation des formes et délais

prescrits par la loi ; elle ne pourra l'être par des motifs tirés de l'intérêt des créanciers ou de la sûreté commerciale.

Si l'opposition est admise, l'annulation du sursis ou du concordat sera prononcée à l'égard de tous les intéressés.

152. — Le refus d'homologation du sursis ou du concordat donnera lieu à la convocation d'une nouvelle assemblée des créanciers, dans les formes et délais indiqués par l'article 84.

153. — Si le jugement de l'opposition est subordonné à la solution de questions étrangères, à raison de la matière, à la compétence des tribunaux de commerce, le tribunal surseoira à prononcer jusqu'après la décision de ces questions.

154. — La demande d'homologation du concordat ne fera pas obstacle à ce que le sursis ou le concordat ne reçoive provisoirement son exécution du jour où il a été voté par l'assemblée des créanciers. Mais si des dividendes viennent à échoir avant qu'il n'ait été statué sur l'homologation par un jugement passé en force de chose jugée, les dividendes seront mis en réserve pour être distribués seulement quand l'homologation sera devenue définitive.

155. — La délibération de l'assemblée des créanciers, relative à la résolution du sursis ou du concordat, dans les cas prévus par les articles 133 et 145, ne pourra être homologuée qu'autant que les cautions du débiteur auront été citées par lettre chargée, à la diligence des commissaires ; et bien que l'homologation des délibérations de l'assemblée, demandée par les créanciers, ne puisse être refusée que dans les cas prévus par les articles 81 et 151, le tribunal pourra rejeter la révocation du sursis ou du concordat, sur tous moyens de défense présentés par les cautions ou le débiteur lui-même, et qui paraîtraient justifiés vis-à-vis d'eux.

Aucune opposition ne sera admise contre ce jugement ; il sera seulement susceptible d'appel.

Tant qu'il ne sera pas devenu définitif, il ne pourra pas être procédé à la liquidation forcée. Toutefois les liquidateurs nommés par l'assemblée des créanciers continueront seuls l'administration.

156. — La résolution du sursis ou du concordat, pour l'une des causes énoncées dans les articles 133 et 145, pourra être demandée, à défaut des commissaires, soit par les créanciers antérieurement vérifiés et admis, soit par les créanciers nouveaux ; mais la convocation de l'assemblée des créanciers n'aura lieu, sur la demande de l'un des créanciers, qu'autant qu'elle aura été autorisée par jugement du tribunal de commerce, en présence du débiteur et de ses cautions.

L'assemblée des créanciers ne prononcera sur le maintien ou la révocation du concordat qu'après l'affirmation et la vérification des créances nouvelles.

157. — La libération des cautions aura lieu dans le cas où le concordat aura été annulé pour dol résultant de la dissimulation de l'actif ou de l'exagération du passif et découvert depuis l'homologation, ou qu'il deviendra nul, de plein droit, par suite de banqueroute simple ou frauduleuse.

Dans tous les autres cas, les cautions ne seront pas libérées par la résolution du sursis ou du concordat.

158. — Les cautions pourront toujours empêcher la résolution du concordat pour défaut de paiement des dividendes par le débiteur, en en faisant l'offre suivie de consignation, dans les trois jours de l'avis que les commissaires devront leur transmettre par la voie du greffe et par lettres chargées. C'est seulement à l'expiration de ce délai que l'assemblée des créanciers pourra être convoquée pour délibérer sur la révocation du concordat.

Si la garantie de la caution ne porte que sur une partie des sommes dues par le débiteur concordataire, les à-compte versés par celui-ci n'opéreront décharge au profit de la caution que jusqu'à concurrence de ce qui a pu être payé, après remboursement des sommes qui ne sont pas couvertes par la garantie.

En tous cas, la caution ne sera tenue que du paiement des créances antérieurement vérifiées et admises, et non des créances nouvelles, postérieures au concordat.

159. — Seront nuls et sans effet, comme faits dans la période suspecte de cessation de paiements, les différents actes mentionnés dans les articles 27 et suivants, qui auront été consentis par le débiteur postérieurement à son concordat et antérieurement à la résolution ou à l'annulation qui en est prononcée. Les autres actes faits dans cet intervallé par le débiteur concordataire ne seront annulés que s'ils ont été consentis au préjudice de l'exécution du concordat ou en fraude des droits des créanciers.

Les créanciers antérieurs au concordat qui auront touché du débiteur concordataire certaines sommes à titre de dividendes, en dehors des répartitions qui doivent être faites par les commissaires, conformément à l'article 144, seront tenus d'en faire le rapport à la masse.

CHAPITRE XII.

De la liquidation forcée.

SECTION I.

Dispositions générales en matière de liquidation forcée.

160. — Le débiteur qui n'aura obtenu de l'assemblée de ses créanciers ni sursis ni concordat, et qui sera ainsi soumis à la liquidation forcée, pourra, après cette liquidation, être poursuivi sur les biens qui lui échoiront de quelque manière que ce soit.

Toutefois il ne pourra être poursuivi, sur les salaires ou les émoluments qu'il tirera de sa profession ou de son industrie, que pour les sommes qui excéderont annuellement celle de quinze cents francs, s'il est célibataire ou veuf sans enfants ; de deux mille francs, s'il est marié ; et de deux mille cinq cents francs, s'il a plus de trois enfants.

Si une succession, un legs ou une donation vient à lui échoir après la clôture de la liquidation forcée, il aura droit de prélever sur les biens composant la succession, le legs ou la donation, en usufruit seulement, la moitié des sommes ci-dessus énoncées ; le reste des biens sera liquidé et le produit réparti entre ses créanciers jusqu'à concurrence de ce qui leur restera dû.

Enfin le débiteur ne pourra être poursuivi sur le mobilier personnel qu'il aura acquis, après la liquidation, qu'autant que ce mobilier excédera une valeur de trois mille francs.

161. — Les créanciers seront consultés sur le maintien du secours déjà accordé au débiteur et à sa famille, ou sur celui qui pourra leur être ultérieurement accordé, sur l'actif de la masse. La délibération sera prise à la majorité des créanciers présents ou représentés.

162. — L'action des liquidateurs ou des créanciers, agissant dans l'intérêt de la masse contre le débiteur en état de cessation de paiements qui ne s'est pas entièrement libéré, est prescrite par le défaut de renouvellement, avant l'expiration du laps de dix années, de l'inscription hypothécaire prise au profit de la masse, conformément aux articles 51 et 147. Le renouvellement pourra être requis, soit par les liquidateurs, soit par tout créancier vérifié et admis, sur un simple certificat, délivré par le greffier du tribunal.

163. — La répartition des sommes provenant des diverses liquidations sera faite par les liquidateurs maintenus en fonctions après la clôture des opérations générales de liquidation ; elle pourra être requise par tout créancier, en cas de négligence des liquidateurs ; mais, en aucun cas, un créancier ne pourra exercer de poursuites en son nom personnel et au préjudice de la masse tant des créanciers antérieurement vérifiés et admis que des créanciers nouveaux.

164. — Les créanciers pourront donner mandat, soit aux liquidateurs, soit à un tiers, sous la surveillance des liquidateurs, pour continuer l'exploitation de l'actif. La délibération qui leur conférera ce mandat en déterminera la durée et l'étendue : elle fixera, s'il y a lieu, les sommes que les liquidateurs pourront garder entre leurs mains, à l'effet de pourvoir aux frais et dépenses ; elle pourra déterminer tout mode de liquidation qui semblera préférable ; enfin elle sera prise à la simple majorité en nombre et en sommes des créanciers présents ou représentés. Aucune voie d'opposition ne sera ouverte contre cette délibération.

165. — Les liquidateurs représenteront la masse des créanciers, et procéderont à toutes les opérations de liquidation ; ils feront vendre les immeubles, marchandises et effets mobiliers du débiteur, et liquideront ses dettes actives et passives ; le tout sous la surveillance du juge-commissaire, et sans qu'il soit besoin d'appeler le débiteur.

Ils ne pourront transiger qu'en se conformant aux règles prescrites par l'article 89.

Toutefois les créanciers assemblés pourront, à la simple majorité en nombre et en sommes des créanciers présents ou représentés, le débiteur dûment appelé, charger les liquidateurs de traiter à forfait de tout ou partie des droits ou actions dont le recouvrement n'aurait pas été opéré, et de les aliéner, sous les conditions énoncées dans l'article 205.

166. — Lorsque la liquidation sera terminée, les créanciers seront convoqués par le juge-commissaire ; celui-ci pourra ordonner que le compte des liquidateurs, imprimé ou autographié, soit joint à la lettre de convocation. Dans cette assemblée, le compte sera débattu, le débiteur présent ou dûment appelé. Le reliquat du compte formera la dernière répartition.

Il sera ensuite statué sur l'excusabilité du débiteur ; puis le procès-verbal de liquidation sera provisoirement clos. Néanmoins, les liquidateurs resteront en fonctions, comme il est dit dans l'article suivant.

167. — Dès que la liquidation forcée aura été provisoirement close à l'égard de tous les biens présents du débiteur, celui-ci reprendra l'exercice de ses droits et actions, sans préjudice du droit des liquidateurs maintenus dans leurs fonctions de se porter intervenants, au nom de la masse, et même de poursuivre, jusqu'au paiement intégral, le débiteur sur les biens qu'il peut acquérir ultérieurement.

En cas de refus ou de négligence des liquidateurs à agir au nom de la masse, tout créancier pourra se faire autoriser du juge-commissaire, et à défaut du tribunal, à convoquer l'assemblée des créanciers, par la voie du greffe, pour faire autoriser, sur les biens qui peuvent échoir au débiteur, toutes poursuites dans l'intérêt commun, sous les réserves contenues dans l'article 160.

168. — Les liquidateurs ne pourront refuser au débiteur la communication de ses livres, titres et papiers, ni en refuser la production en justice, toutes les fois qu'elle pourra être utile au débiteur.

SECTION II.

Des coobligés et des cautions.

169. — Le créancier porteur d'engagements souscrits, endossés ou garantis solidairement par le débiteur et d'autres coobligés qui sont en état de cessation de paiements, participera aux distributions dans toutes les masses, et y figurera tant pour la valeur nominale de son titre que

pour les intérêts et frais dus au jour de la déclaration de cessation de paiements.

Aucun recours, pour raison des dividendes payés, n'est ouvert au profit des masses des coobligés les unes contre les autres, si ce n'est lorsque la réunion des dividendes que donneraient les diverses liquidations excéderait le montant total de la créance, en principal et accessoires, auquel cas cet excédant sera dévolu, suivant l'ordre des engagements, à ceux des coobligés qui auraient les autres pour garants.

170. — Si le créancier porteur d'engagements solidaires entre le débiteur et d'autres coobligés, ou garantis par une caution, a reçu, avant la déclaration de cessation de paiements, un à-compte sur sa créance, il ne sera compris dans la masse que sous la déduction de cet à-compte et conservera, pour ce qui lui restera dû, ses droits contre le coobligé ou la caution.

Le coobligé ou la caution qui aura fait le paiement partiel sera compris dans la même masse pour tout ce qu'il aura payé à la décharge du débiteur.

171. — Nonobstant le concordat, les créanciers conserveront leur action pour la totalité de leur créance contre les coobligés du débiteur.

172. — Bien que le mari d'une femme autorisée à exercer un commerce séparé soit obligé solidairement avec elle, il ne pourra être poursuivi, dans le cas où sa femme aura obtenu un sursis ou un concordat, que dans les conditions établies par le sursis ou le concordat, de telle sorte qu'il bénéficiera des termes de paiement.

173. — Lorsqu'une société en nom collectif aura été déclarée en état de cessation de paiements, il y aura lieu de séparer la masse de la société de celle de chacun des associés solidairement responsables, et d'opérer autant de liquidations séparées.

SECTION III.

Des créanciers nantis de gage.

174. — Les créanciers du débiteur qui seront valablement nantis de gage ne seront inscrits dans la masse que pour mémoire, sous la réserve introduite dans l'article 78.

175. — Les commissaires ou les liquidateurs pourront, à toute époque, retirer le gage au profit de la masse, en remboursant sa dette.

Si le gage n'est pas retiré par les commissaires ou les liquidateurs, et s'il est vendu par le créancier moyennant un prix qui excède la créance, le surplus sera recouvré par lesdits commissaires ou liquidateurs. Si le prix est moindre que la créance, le créancier nanti viendra à contribution pour le surplus, dans la masse, comme créancier ordinaire.

176. — Le droit du créancier gagiste pourra être contesté toutes les fois que le gage aura été consenti pour la garantie de prêts excessifs et réitérés sur marchandises, alors que ces prêts n'auront pas eu d'autre objet, pour l'emprunteur, que de retarder la déclaration de cessation de ses paiements.

SECTION IV.

Du privilège du vendeur d'effets mobiliers.

177. — Le privilège et le droit de revendication établis par le n° 4 de l'article 2,102 du Code civil au profit du vendeur d'effets mobiliers, ainsi que le droit de résolution, ne seront pas admis en cas de cessation de paiements.

Néanmoins ce privilège continuera d'exister, pendant un an à partir de la livraison, en faveur des fournisseurs de machines et appareils employés dans les établissements industriels. Ce privilège pourra être exercé même dans le cas où les machines et appareils seraient devenus immeubles par destination ou par incorporation. La livraison sera établie, sauf la preuve contraire, par les livres du vendeur. En cas de cessation de paiements du débiteur, déclarée avant l'expiration de l'année de la durée du privilège, ledit privilège sera régi par les règles générales admises en cette matière.

178. — Après la clôture du procès-verbal de vérification des créances, les commissaires ou les liquidateurs présenteront au juge-commissaire l'état des créanciers qui prétendront avoir un privilège général sur les biens meubles, et le juge-commissaire autorisera, s'il y a lieu, et sans qu'aucun recours puisse être autorisé contre sa décision, le paiement de ces créanciers sur les premiers deniers rentrés.

Si le privilège est contesté, le tribunal prononcera.

Dans le cas où le privilège aura été contesté à tort, et qu'il en sera résulté un retard de paiement pour le créancier, celui-ci aura le droit d'exiger du contestant l'intérêt de 6 0/0 du montant de sa créance; cet intérêt sera supporté par la masse, si ce sont les commissaires ou les liquidateurs qui ont contesté le privilège.

SECTION V

Du privilège du propriétaire sur les lieux loués au débiteur en état de cessation de paiements.

179. — Les commissaires ou les liquidateurs seront tenus, dans les quarante-huit heures de la délibération de l'assemblée des créanciers sur la demande de sursis ou de concordat ou sur la liquidation forcée, et en se conformant à cette délibération, de notifier au propriétaire des immeubles affectés à l'industrie ou au commerce du débiteur qui a cessé ses paiements, y compris les locaux dépendant de ces immeubles et servant à l'habitation du débiteur et de sa famille, si ce débiteur est autorisé à continuer le bail, s'il en existe, à la charge de satisfaire à toutes les obligations du locataire, ou si, au contraire, le bail sera résilié.

Le bail sera continué de plein droit, après notification régulière, toutes les fois que le commerçant en état de cessation de paiements aura obtenu un sursis ou un concordat, si tous les loyers dus jusqu'au jour de la notification ont été acquittés, et s'il a d'ailleurs été satisfait à toutes les autres conditions du bail.

Jusqu'à l'expiration du délai ci-dessus prescrit, toutes voies d'exécution sur les effets mobiliers servant à l'exploitation du commerce ou de l'industrie du débiteur en état de cessation de paiements et toutes actions en résiliation de bail seront suspendues, sans préjudice de toutes mesures conservatoires et du droit qui serait acquis au propriétaire, antérieurement au jugement déclaratif de cessation de paiements, de reprendre possession des lieux loués.

180. — En cas de résiliation, le propriétaire aura privilège pour la dernière année de location échue avant la notification ci-dessus prescrite, et pour l'année courante, à titre de dommages-intérêts.

Les commissaires ou les liquidateurs pourront continuer ou céder le bail pour tout le temps restant à courir, à la charge par eux ou leurs concessionnaires de maintenir dans l'immeuble gage suffisant, et d'exécuter, au fur et à mesure des échéances, toutes les obligations résultant du droit ou de la convention, mais sans que la destination des lieux loués puisse être changée. Dans le cas où le bail contiendrait interdiction de céder le bail ou de sous-louer, les créanciers ne pourront faire leur profit de la location que pour le temps à raison duquel le bailleur aurait touché ses loyers par anticipation, et toujours sans que la destination des lieux puisse être changée.

SECTION VI.

Du privilège des Commis et Ouvriers.

181. — Le salaire acquis aux ouvriers employés directement par le débiteur pendant le mois qui aura précédé la déclaration de cessation de ses paiements, sera admis au nombre des créances privilégiées, au même rang que le privilège établi par l'article 2101 du Code civil, pour le salaire des gens de service. Les salaires dus aux commis pour les six mois qui auront précédé la déclaration de cessation de paiements seront admis au même rang.

SECTION VII.

Des droits des Créanciers hypothécaires et privilégiés sur les immeubles.

182. — Lorsque la distribution du prix des immeubles, en cas de liquidation forcée, sera faite antérieurement à celle du prix des biens meubles, ou simultanément, les créanciers privilégiés ou hypothécaires, non remplis sur le prix des immeubles, concourront, à proportion de ce qui leur restera dû, avec les créanciers chirographaires, sur les deniers appartenant à la masse chirographaire, pourvu toutefois que leurs créances aient été vérifiées et admises.

183. — Si la distribution d'une partie des deniers mobiliers précède celle du prix des immeubles, les créanciers privilégiés ou hypothécaires, vérifiés et admis, concourront aux répartitions ultérieures sur le prix des immeubles pour ce qui leur restera dû et non pour la valeur nominale de leurs créances.

Si la distribution des deniers mobiliers a lieu en même temps que l'ordre est ouvert entre les créanciers privilégiés ou hypothécaires, ces créanciers ne prennent part à la distribution des deniers mobiliers que pour la portion à raison de laquelle ils ne sont pas utilement colloqués dans l'ordre, et seulement après qu'ils ont produit audit ordre.

184. — Si un créancier a un privilège général sur les immeubles et, subsidiairement, sur les meubles du débiteur en état de cessation de paiements et que, l'ordre soit ouvert avant la distribution des deniers mobiliers, il ne sera colloqué que provisoirement dans l'ordre, et à charge de reverser dans la masse hypothécaire le dividende qu'il a pu tirer de l'actif mobilier.

Mais si le créancier privilégié ou hypothécaire a été payé des deniers de la masse chirographaire, celle-ci sera subrogée dans les droits du créancier jusqu'à concurrence de la somme payée.

185. — Si une ou plusieurs distributions des deniers mobiliers précèdent la distribution du prix des immeubles, les créanciers privilégiés ou hypothécaires vérifiés et admis concourront aux répartitions dans la proportion de leurs créances totales, et sauf, le cas échéant, les distractions dont il sera parlé ci-après.

186. — Après la vente des immeubles et le règlement définitif de l'ordre entre les créanciers hypothécaires et privilégiés, ceux d'entre eux qui viendront en ordre utile sur le prix des immeubles pour la totalité de leur créance ne toucheront le montant de leur collocation hypothécaire que sous la déduction des sommes par eux perçues dans la masse chirographaire. Les sommes ainsi déduites ne resteront point dans la masse hypothécaire, mais retourneront à la masse chirographaire, au profit de laquelle il en sera fait distraction.

Réciproquement, si les créanciers ayant un privilège général sur les meubles, et subsidiairement sur les immeubles, ont été intégralement payés dans l'ordre, les créanciers hypothécaires dont les créances n'ont pas été complétement couvertes par le reste du prix, seront subrogés contre la masse mobilière, et prélèveront dans l'actif mobilier tout ce que les créanciers ayant de privilèges généraux ont pris dans la masse immobilière.

187. — A l'égard des créanciers hypothécaires qui ne seront colloqués que partiellement dans la distribution du prix des immeubles, il sera procédé comme il suit : leurs droits sur la masse chirographaire seront définitivement réglés d'après les sommes dont ils resteront

créanciers après leur collocation immobilière, et les deniers qu'ils auront touchés au delà de cette proportion, dans la distribution antérieure, leur seront retenus sur le montant de leur collocation hypothécaire, et reversés dans la masse chirographaire.

188. — Les créanciers qui ne viennent point en ordre utile seront considérés comme chirographaires et soumis comme'tels aux effets du sursis ou du concordat et de toutes les opérations de la masse chirographaire.

Cependant le créancier à hypothèque générale, qui n'a pas été colloqué utilement dans l'ordre, conservera le droit d'exercer son hypothèque sur les immeubles que le débiteur concordataire pourra acquérir postérieurement au concordat, sauf à rendre compte des dividendes qu'il a pu recevoir dans la masse chirographaire.

SECTION VIII.

Des droits des femmes.

189. — En cas de déclaration de cessation de paiements du mari, la femme dont les apports en immeubles ne se trouveraient pas mis en communauté, reprendra en nature lesdits immeubles et ceux qui lui seront survenus par succession ou par donation entre-vifs ou testamentaire.

190. — La femme reprendra pareillement les immeubles acquis par elle ou en son nom des deniers provenant desdites successions et donations, pourvu que la déclaration d'emploi soit expressément stipulée au contrat d'acquisition, et que l'origine des deniers soit constatée par inventaire ou par tout autre acte authentique.

191. — Sous quelque régime qu'ait été formé le contrat de mariage, hors le cas prévu par l'article précédent, la présomption légale sera que les biens acquis par la femme du débiteur en état de cessation de paiements appartiennent à son mari, et qu'ils ont été payés de ses deniers ; en conséquence, ils devront être réunis à la masse de son actif.

192. — Si la femme a payé des dettes pour son mari en état de cessation de paiements, la présomption légale sera qu'elle l'a fait des

deniers de son mari, et elle ne pourra, en conséquence, exercer aucune action contre la masse.

193. — La femme dont le mari sera tombé en état de cessation de paiements ou de déconfiture, n'aura ni privilège ni hypothèque sur les biens de la masse, à raison du recouvrement des valeurs, deniers et effets mobiliers qu'elle aura apportés en dot ou qui lui seront advenus par succession ou donation entre-vifs ou testamentaire ; elle aura. seulement le droit de reprendre les valeurs et effets mobiliers dont elle prouvera la délivrance par acte ayant date certaine, lorsque ces valeurs et effets mobiliers se retrouveront en nature au moment de la déclaration de cessation de paiements ou de la déconfiture, et que leur identité sera prouvée par l'acte même qui en constatera la délivrance.

Les deniers constitués en dot et ceux qui pourront échoir à la femme par succession, legs ou donation, seront réunis de plein droit à la masse active du mari, qui tombera en état de cessation de paiements ou de déconfiture, toutes les fois que la délivrance de ces deniers aura été faite au mari, et qu'il n'en aura pas été fait emploi déterminé en immeubles ou en valeurs nominatives dont les séries et les numéros d'ordre seront inscrits dans un acte authentique constatant cet emploi.

La disposition qui précède, n'étant introduite qu'en faveur des tiers, ne fera pas obstacle à ce que la femme puisse toujours exercer ses reprises sur les biens de son mari, conformément au droit commun, après que les créanciers du mari auront été désintéressés.

194. — Le débiteur ou le dépositaire de deniers échus à la femme ne sera valablement libéré vis-à-vis d'elle que par une quittance délivrée en la forme authentique et exprimant soit l'emploi déterminé des deniers, comme il vient d'être dit, soit le consentement exprès de la femme, si elle est majeure, à ce que les fonds soient remis à son mari sans affectation d'emploi.

Si les époux ne peuvent s'accorder sur la nature de l'emploi, le débiteur ou le dépositaire se libérera valablement par le dépôt des fonds à la Caisse des consignations, suivi d'offres réelles et d'assignation en validité desdites offres, aux frais de qui il appartiendra. Le jugement qui statuera sur la validité des offres déterminera, d'office, la nature de l'emploi des fonds.

Les valeurs mobilières ainsi employées ne seront aliénables qu'à charge de remploi dans les formes indiquées ci-dessus.

195. — Les valeurs mobilières qui échoiront à la femme, en nature, entreront également dans la masse active du mari, en cas d'aliénation, si leur remploi n'est authentiquement attesté; les titres devront être nominatifs.

196. — En cas d'aliénation des apports en immeubles de la femme, l'acquéreur ou l'adjudicataire ne sera valablement libéré, vis-à-vis de la femme, que par une quittance délivrée en la forme authentique, aux frais de la femme, et exprimant le remploi du prix et la nature de ce remploi. En cas de difficultés sur le mode de remploi, il sera procédé par l'acquéreur ou l'adjudicataire comme il est dit ci-dessus.

Les mêmes règles seront appliquées en cas d'échange d'immeubles.

197. — En aucun cas, la femme ne pourra exercer de recours sur la masse active de son mari en état de cessation de paiements ou de déconfiture, à raison du recouvrement du prix de ses biens mobiliers ou immobiliers, qui aura été confondu, faute d'emploi ou de remploi, avec les fonds personnels de son mari.

198. — Tous les meubles meublants, effets mobiliers, diamants, tableaux, vaisselle d'or et d'argent, et autres objets, tant à l'usage du mari qu'à celui de la femme, sous quelque régime qu'ait été formé le contrat de mariage, et même si la femme a été judiciairement séparée de biens avant la déclaration de cessation de paiements ou la déconfiture de son mari, seront dévolus aux créanciers du mari, sans que la femme puisse en recevoir autre chose que les habits et linges à son usage, conformément à la loi.

La disposition qui précède ne fait pas préjudice au droit de la femme de reprendre en nature les effets mobiliers qu'elle s'est constitués par contrat de mariage ou qui lui sont advenus par succession ou par donation entre-vifs ou testamentaire, conformément à l'article 193, et sous les conditions qui y sont exprimées.

198. — L'action en reprise résultant des dispositions portées dans les articles 189 et 190, ne sera exercée par la femme qu'à la charge des dettes et hypothèques dont ses biens sont légalement grevés, soit que la femme s'y soit obligée volontairement, soit qu'elle y ait été condamnée.

199. — La femme dont le mari était commerçant à l'époque de la célébration du mariage, ou le sera devenu dans les deux ans qui auront suivi cette célébration, ne pourra exercer contre la masse, si son mari vient à être déclaré en état de cessation de paiements, aucune action à raison des avantages portés au contrat de mariage ; et, dans ce cas, les créanciers ne pourront se prévaloir des avantages faits par la femme au mari dans le même contrat.

SECTION IX.

De la répartition entre les créanciers et de la liquidation du mobilier.

200. — Lorsque la liquidation aura été ordonnée, le montant de l'actif mobilier, distraction faite des frais et dépenses de l'administration et de la liquidation de la masse, des secours qui auraient été accordés au débiteur ou à sa famille, des sommes dues aux créanciers privilégiés, de celles payées aux créanciers gagistes pour libérer les nantissements, des effets mobiliers susceptibles de reprise en nature par la femme du débiteur ou de revendication par des tiers, sera réparti entre tous les créanciers au marc le franc de leurs créances vérifiées et admises.

A cet effet, les liquidateurs remettront, tous les mois, au juge-commissaire, un état de situation de la masse et un état des deniers déposés à la Caisse des dépôts et consignations.

201. — Aucune répartition entre les créanciers ne pourra avoir lieu, sur la demande soit des liquidateurs, soit de l'assemblée des créanciers, sans qu'elle ait été ordonnée par le juge-commissaire, qui en fixera la quotité.

Les créanciers seront avertis de la décision du juge-commissaire et de l'ouverture de la répartition par circulaires chargées à la poste et expédiées par la voie du greffe.

202. — S'il existe des créanciers non vérifiés, à l'égard desquels le délai accordé pour la production de leurs titres de créances, conformément à l'article 66, n'est pas expiré, ou des créanciers dont les créances déclarées et affirmées dans le délai prescrit ont donné lieu à des contestations non encore jugées, il ne sera procédé à aucune répartition qu'après la mise en réserve de la part correspondante à leurs créances, telles qu'elles sont portées au bilan, quant aux premiers, et telles qu'elles ont été déclarées et affirmées, quant aux seconds.

Lorsque les créances appartenant à des créanciers domiciliés ou résidant hors du territoire continental de la République, à l'égard desquels le délai aura été prolongé, conformément à l'article 66, ne paraîtront pas portées sur le bilan d'une manière exacte, le juge-commissaire pourra décider que la réserve sera augmentée, sauf aux liquidateurs à se pourvoir contre cette décision devant le tribunal de commerce.

203. — Nul paiement ne sera fait par les liquidateurs ou les commissaires que sur la représentation du titre constitutif de la créance.

Les liquidateurs ou commissaires mentionneront, sur le titre, la somme payée par eux ou ordonnancée conformément à l'article 97.

Néanmoins, en cas d'impossibilité de présenter le titre, le juge-commissaire pourra autoriser le paiement sur le vu du procès-verbal de vérification.

Dans tous les cas, le créancier donnera la quittance en marge de l'état de répartition.

204. — Les nouveaux créanciers à raison des engagements commerciaux ou purement civils que contractera, jusqu'à la fin de la liquidation, le débiteur en état de cessation de paiements et contre qui la liquidation forcée aura été prononcée, en se livrant pour son compte à de nouvelles opérations commerciales ou autres, n'auront aucun droit aux répartitions des deniers de la masse; mais les produits des nouvelles opérations du débiteur tomberont dans la masse, sous déduction des dettes et charges particulières dont ils seront grevés.

Les administrateurs seront toujours en droit, pendant la durée de la liquidation, de demander la nullité des engagements ainsi contractés par le débiteur en état de cessation de paiements, sous la réserve introduite dans l'article 57.

205. — L'assemblée des créanciers pourra, lorsque les autres opérations de liquidation seront terminées, autoriser les liquidateurs à traiter à forfait de tout ou partie des droits et actions, dont le recouvrement n'aura pu être opéré ou sera jugé difficile ou trop coûteux, ou même à les aliéner.

Toutefois, le débiteur pourra s'opposer, devant le tribunal de commerce, à l'homologation de cette décision en prouvant qu'elle est préjudiciable à ses intérêts comme à ceux de la masse. Le tribunal statuera comme souverain appréciateur des circonstances, sur le rapport du juge-commissaire.

SECTION X.

De la vente des immeubles du débiteur en état de cessation de paiements.

206. — S'il n'est pas commencé de poursuites en expropriation des immeubles avant le jugement déclaratif de cessation de paiements, les commissaires ou les liquidateurs seuls seront admis à poursuivre la vente; ils seront tenus d'y procéder dans la huitaine de la délibération de l'assemblée des créanciers qui aura rejeté le concordat ou du jugement qui en aura prononcé l'annulation, ou enfin de la résolution qui en aura été ordonnée, en cas d'inexécution. La vente aura lieu suivant les formes prescrites pour la vente des biens de mineurs.

Les liquidateurs pourront toujours arrêter les poursuites commencées, en procédant dans les mêmes formes, avec l'autorisation du tribunal de commerce, le débiteur dûment appelé, à la vente des immeubles saisis. Ils feront, dans ce cas, notifier au créancier poursuivant et au débiteur, huit jours au moins avant la vente, les lieu, jour et heure auxquels il y sera procédé. Semblable notification sera faite, dans le même délai, à tous les créanciers inscrits, en leur domicile élu dans le bordereau d'inscription.

207. — La surenchère, après l'adjudication des immeubles du débiteur sur la poursuite des liquidateurs, n'aura lieu qu'aux conditions et dans les formes suivantes: la surenchère devra être faite dans la quinzaine. Elle ne pourra être au-dessous du dixième du prix principal de l'adjudication. Elle sera faite au greffe du tribunal civil, suivant les formes prescrites par les art. 710 et 711 du Code de procédure civile; toute personne sera admise à surenchérir. Toute personne sera également admise à concourir à l'adjudication par suite de surenchère. Cette adjudication demeurera définitive et ne pourra être suivie d'aucune autre surenchère.

SECTION XI.

De la revendication.

208. — Pourront être revendiquées, en cas de cessation de paiements, les remises en effets de commerce ou autres titres non encore payés et qui, à l'époque du jugement déclaratif, se trouveront en nature dans le portefeuille du débiteur en état de cessation de paiements ou dans le portefeuille d'un tiers qui les détiendra au nom du débiteur, lorsque ces remises auront été faites par le propriétaire, avec le simple mandat d'en faire le recouvrement et d'en garder la valeur à sa disposition, ou lorsqu'elles auront été, de sa part, spécialement affectées à des paiements déterminés.

La preuve sera faite à cet égard par tous les moyens admis en matière commerciale.

209. — La revendication a également lieu pour les effets remis sans acceptation ni disposition spéciale, mais qui sont entrés dans un compte-courant pour lequel le propriétaire est créditeur ; mais elle ne peut plus être exercée si celui qui a remis les effets était débiteur en vertu de ce compte-courant, au moment de la remise. Le droit de revendication n'est plus possible si les effets ainsi remis en compte-courant ont été négociés par le débiteur en état de cessation de paiements.

210. — La revendication sera admise pour les sommes d'argent déposées entre les mains du débiteur en état de cessation de paiements, lorsque les sommes auront été déposées en dehors de tout compte-courant pour être transmises à une personne déterminée pour le compte du commettant ou pour remplir des obligations dont le paiement doit avoir lieu au domicile du débiteur en état de cessation de paiements, et lorsque les sommes déposées se retrouveront en espèces dans la caisse du débiteur.

211. — Toutes les fois qu'un commerçant agissant dans l'exercice de son commerce, aura vendu, livré, engagé ou négocié, pour son propre compte, des marchandises, effets de commerce ou autres choses mobilières appartenant à un tiers et qui lui auront été confiés pour un emploi déterminé, le propriétaire de ces objets ne pourra les revendiquer contre celui qui en aura pris possession de bonne foi ou ses héritiers, hormis le cas de perte ou de vol.

212. — La revendication est admise au profit de celui qui a acheté du débiteur en état de cessation de paiements une chose certaine et déterminée, si elle se retrouve en nature dans les biens du débiteur en état de cessation de paiements.

213. — Pourront être également revendiquées, aussi longtemps qu'elles existeront en nature, en tout ou en partie, les marchandises consignées au débiteur en état de cessation de paiements, à titre de dépôt, ou pour être vendues pour le compte du propriétaire. Pourra même être revendiqué le prix ou la partie du prix desdites marchandises qui n'aura été ni payé, ni réglé en valeurs, ni compensé en compte-courant entre le débiteur en état de cessation de paiements et l'acheteur.

214. — Il y aura lieu à revendication pour les lettres de change et autres effets de commerce qui auraient été remis en paiement par l'acheteur au vendeur pour compte en cessation de paiements, alors même que ces effets ne seraient pas souscrits en faveur du propriétaire des marchandises, pourvu qu'il soit constant qu'il y a eu contrat de commission et que les sommes ou les effets sont au pouvoir du vendeur en état de cessation de paiements pour le compte du commettant, et sous l'obligation d'opérer la remise effective des fonds à recouvrer, ce qui se présume de droit toutes les fois que les recouvrements que le débiteur doit ainsi opérer, n'ont pas été passés en compte-courant entre son commettant et lui ; et aussi sous la condition que les sommes ou les effets se retrouvent en possession du vendeur en état de cessation de paiements.

215. — Pourront être revendiquées les marchandises expédiées au commerçant en état de cessation de paiements, tant que la tradition n'en aura point été effectuée dans ses magasins, ou dans ceux du commissionnaire chargé de les vendre pour le compte du commerçant qui a cessé ses paiements, ou dans ceux d'un tiers chargé par l'acheteur de les réexpédier ou de les tenir à ses ordres, ou dans ceux d'un commerçant à qui l'acheteur les a engagées avant leur arrivée.

216. — Néanmoins, la revendication ne sera plus recevable si, avant leur arrivée, les marchandises ont été vendues sans fraude, sur factures et connaissements ou lettres de voiture signées par l'expéditeur.

217. — Le revendiquant sera tenu de rembourser à la masse les à-compte par lui reçus, ainsi que toutes avances pour fret ou voiture, commission, assurances ou autres frais, et de payer les sommes qui seraient dues pour les mêmes causes.

218. — La revendication ne peut plus être exercée si le vendeur a reçu des effets de commerce pour le prix des marchandises. S'il n'a reçu d'effets que pour partie du prix et qu'il en ait fait la négociation, il peut encore revendiquer, mais à la condition de fournir caution pour assurer le remboursement de ces effets à leur échéance.

219. — Pourront être retenues par le vendeur les marchandises par lui vendues, qui ne seront pas délivrées au commerçant en cessation de paiements, ou qui n'auront pas été expédiées, soit à lui, soit à un tiers pour son compte.

220. — Le droit de rétention s'exerce bien qu'il ait été convenu entre le vendeur et l'acheteur que les marchandises resteraient à la disposition de celui-ci, dans les magasins du vendeur.

Le vendeur qui exerce le droit de rétention doit restituer les à-compte par lui reçus et supporter les frais auxquels la vente a pu donner lieu.

221. — Les commissaires ou les liquidateurs pourront, avec l'approbation du juge-commissaire, admettre les demandes en revendication ; s'il y a contestation, le tribunal prononcera, après avoir entendu le juge-commissaire.

CHAPITRE XIII.

De l'excusabilité.

222. — La délibération sur l'excusabilité du débiteur sera prise à la majorité en nombre et en sommes des créanciers présents ou représentés.

Ne pourront être déclarés excusables : les banqueroutiers simples ou frauduleux, les stellionataires, les personnes condamnées pour vol, faux, concussion, escroquerie ou abus de confiance, les dépositaires, les tuteurs, administrateurs ou autres comptables qui n'auront pas rendu et soldé leurs comptes, et généralement les débiteurs à qui le sursis ou le concordat a dû être refusé pour l'une des causes énoncées dans l'article 111.

223. — La délibération de l'assemblée des créanciers sera homologuée par le tribunal de commerce. A cet effet, le juge-commissaire présentera au tribunal, en la chambre du conseil, la délibération des créanciers et un rapport sur les caractères et les circonstances de la cessation de paiements; et le tribunal prononcera définitivement si le débiteur est ou non excusable.

Le tribunal ne pourra prononcer l'inexcusabilité contre un débiteur que l'assemblée des créanciers aurait déclaré excusable, qu'autant que le débiteur se trouvera dans l'un des cas spécifiés en l'article précédent.

Le jugement sera motivé et sera toujours susceptible de recours.

Mais le tribunal pourra toujours, eu égard aux circonstances, faire bénéficier le débiteur de l'excusabilité, alors même qu'elle lui aurait été refusée par l'assemblée des créanciers.

Le débiteur devra être cité et entendu devant le tribunal.

224. — Le jugement qui aura prononcé l'inexcusabilité sera publié et affiché dans les mêmes formes que le jugement déclaratif de cessation de paiements, sans préjudice des peines prononcées par la loi. Ce jugement sera transmis d'office par le greffier du tribunal au ministère public.

CHAPITRE XIV.

De la procédure et des voies de recours contre les jugements rendus en matière de cessation de paiements.

225. — Le jugement qui fixera la date de la cessation de paiements ne sera susceptible d'appel que dans les cinq jours de sa prononciation. Il en sera de même de l'appel du jugement d'homologation du sursis ou du concordat ou de toutes autres délibérations des assemblées de créanciers, quel qu'en soit l'objet.

L'appel par les commissaires ou les liquidateurs, du jugement qui refusera l'homologation, sera recevable dans la quinzaine de sa prononciation.

Dans les cas indiqués dans les paragraphes précédents, le délai d'appel ne sera pas augmenté à raison des distances.

Le délai d'appel pour tous autres jugements rendus en matière de cessation de paiements, dans les cas seulement où des personnes autres que les parties ayant un intérêt dans la masse seront en cause, sera de cinq jours, à compter de la prononciation du jugement, s'il est contradictoire, et de sa signification, s'il est par défaut ; ce délai sera augmenté à raison d'un jour par cinq myriamètres pour les parties étrangères à la masse, qui seront domiciliées à une distance excédant cinq myriamètres du lieu ou siège le tribunal.

226. — L'acte d'appel qui devra être signifié, soit au débiteur ou à ses créanciers, soit à l'un des créanciers, pourra l'être au domicile par eux élu, conformément aux articles 10 et 63.

227. — Les jugements relatifs à la nomination ou au remplacement du juge-commissaire, ceux qui statuent sur les demandes de secours pour le débiteur ou sa famille, et ceux par lesquels le tribunal de commerce statue sur les recours formés contre les ordonnances rendues par les juges-commissaires, dans les cas où ces recours sont recevables, ne seront susceptibles ni d'opposition, ni d'appel, ni de recours en cassation.

Tout jugement rendu en matière de cessation de paiements est exécutoire par provision, sauf les cas où la loi sur les cessations de paiements contient une disposition contraire.

228. — Tous jugements rendus en matière de cessation de paiements, soit par le tribunal de commerce, soit par le tribunal d'appel, ne pourront être signifiés, s'il y a lieu, que par lettre chargée, par la voie du greffe et par simple extrait.

La signification sera ainsi faite à la requête de tous intéressés, sur la consignation des frais de chargement.

Les citations et notifications, en matière de cessation de paiements, seront également signifiées par la voie du greffe et dans les mêmes formes.

TITRE DEUXIÈME

Des Contraventions en matière de cessation de paiements et des Banqueroutes.

———..⚭..———

CHAPITRE I.

Dispositions générales.

229. — Dans les cas où il y aura banqueroute simple ou frauduleuse, la cour ou le tribunal saisis statueront, lors même qu'il y aurait acquittement : 1° d'office sur la réintégration à la masse des créanciers de tous biens, droits ou actions frauduleusement soustraits ; 2° sur les dommages-intérêts qui seront demandés et que le jugement ou l'arrêt arbitrera.

Les conventions seront, en outre, déclarés nulles à l'égard de toutes personnes, et même à l'égard du débiteur. Le créancier sera tenu de rapporter à qui de droit les sommes ou valeurs qu'il aura reçues en vertu des conventions annulées.

230. — Dans le cas où l'annulation des actes ou conventions frauduleuses serait poursuivie par la voie civile, l'action sera portée devant le tribunal de commerce, qui connaîtra des opérations de la cessation de paiements.

231. — Tous arrêts et jugements de condamnation, rendus en matière de banqueroute simple et frauduleuse seront affichés et publiés suivant les formes établies par l'art. 42 du Code de commerce, aux frais des condamnés.

232. — Dans tous les cas de poursuite et de condamnation pour banqueroute frauduleuse, les actions civiles, autres que celles dont il est parlé dans l'art. 228, resteront séparées, et toutes les dispositions relatives aux biens, prescrites quant à la masse des créanciers, seront exécutées sans qu'elles puissent être attribuées ni évoquées aux tribunaux de police correctionnelle ni aux cours d'assises.

233. — Seront cependant tenus les séquestres provisoires, les commissaires ou les liquidateurs de remettre au ministère public les pièces, titres, papiers et renseignements qui leur seront demandés.

Les pièces, titres et papiers seront, pendant le cours de l'instruction, tenus en état de communication par la voie du greffe ; cette communication aura lieu sur la réquisition des administrateurs de la masse, qui pourront y prendre des extraits privés, ou en requérir d'authentiques, qui leur seront délivrés sur papier libre et sans frais par le greffier.

Le même droit appartiendra à tout créancier qui sera porteur d'une ordonnance du juge-commissaire l'autorisant à prendre cette communication, et rendue sur la justification de son intérêt.

Les pièces, titres et papiers dont le dépôt judiciaire n'aura pas été ordonné seront, après l'arrêt ou le jugement, remis aux administrateurs de la masse, qui en donneront décharge.

234. — Les frais de poursuite à raison de contravention en matière de cessation de paiements ou en banqueroute simple, intentée par le ministère public, ne pourront, en aucun cas, être mis à la charge de la masse.

En cas de sursis ou de concordat, le recours du Trésor public contre le débiteur pour ces frais ne pourra être exercé qu'après l'expiration des termes accordés par ces traités.

235. — Les frais de poursuite intentés par les liquidateurs, au nom des créanciers, seront supportés, s'il y a acquittement, par la masse ; et s'il y a condamnation, par le Trésor public, sauf son recours contre le débiteur, conformément à l'article précédent.

236. — Les liquidateurs ne pourront intenter de poursuite en banqueroute simple, ni se porter partie civile au nom de la masse, qu'après y avoir été autorisés par une délibération prise à la majorité individuelle des créanciers présents ou représentés.

237. — Les frais de poursuite intentée par un créancier seront supportés, s'il y a condamnation, par le Trésor public ; et s'il y a acquittement, par le créancier poursuivant.

238. — La déclaration de cessation de paiements qui n'aura été suivie d'aucune condamnation en banqueroute simple ou frauduleuse, n'entraînera, contre le débiteur qui aura été déclaré excusable, aucune déchéance de ses droits civils et politiques.

Toutefois, le débiteur ne rentrera dans la pleine administration de ses biens qu'après libération intégrale.

CHAPITRE II

Des contraventions en matière de cessation de paiements.

239. — Le débiteur déclaré par jugement en état de cessation de paiements sera puni de un à huit jours d'emprisonnement, comme coupable de simple contravention, dans les cas suivants :

1° S'il n'a pas déposé au greffe du tribunal de commerce la liste de ses créanciers, dans le délai et suivant les formes établies par les articles 5 et 7;

2° S'il n'a pas présenté au greffe du même Tribunal ses livres de commerce pour être paraphés et arrêtés par le greffier, conformément à l'article 8;

3° Si, sans empêchement légitime, il ne s'est pas présenté en personne devant le juge-commissaire ou devant le séquestre provisoire, les liquidateurs ou les commissaires, dans tous les cas où sa présence sera requise, ou s'il a pris la fuite sans qu'aucun acte de fraude soit relevé contre lui;

4° S'il n'a pas été déclaré excusable, mais seulement dans les cas où il ne sera pas relevé contre lui des faits constitutifs de la banqueroute simple ou frauduleuse.

240. — La même peine pourra être appliquée, suivant les circonstances dont le juge sera le souverain appréciateur :

1° Si le débiteur en état de cessation de paiements n'a pas tenu de livres de commerce ; si ses livres sont incomplets ou irrégulièrement tenus ; ou s'ils n'offrent pas sa véritable situation active ou passive, sans néanmoins qu'il y ait fraude ;

2° S'il a consenti avec une partie de ses créanciers un acte contenant un arrangement amiable, en dehors des formes prescrites par la loi, même lorsque cet arrangement aura été dissimulé sous la forme d'engagements réguliers, toutes les fois que l'acte contenant cet engagement aura été déclaré nul par jugement.

La disposition qui précède ne sera appliquée qu'autant que l'arrangement consenti ne contiendra pas, au profit de quelques-uns des créanciers, certains avantages particuliers.

241. — Les créanciers qui se rendront complices de ces arrangements et les mandataires ou les intermédiaires qui les auront négociés pourront être punis de la même peine d'emprisonnement et d'une amende de 100 à 1,000 fr., ou de l'une de ces deux peines seulement.

242. — Pourra également être passible de la même peine, suivant les circonstances, le débiteur en état de cessation de paiements qui aura fait, pendant la période de cessation de paiements et avant le jugement déclaratif, des paiements à quelques-uns de ses créanciers, ou qui aura consenti des actes onéreux, toutes les fois que ces paiements ou ces actes auront été annulés par jugement, conformément aux articles 27 et suivants.

Les créanciers qui auront reçu ces paiements ou qui auront bénéficié de ces actes onéreux pourront être poursuivis comme complices, s'il est prouvé qu'ils aient eu connaissance de la cessation de paiements; ils seront passibles des mêmes peines que ceux qui auront souscrit des arrangements clandestins.

243. — Le tribunal correctionnel sera seul compétent pour appliquer la peine dans les cas qui précèdent.

CHAPITRE III.

De la banqueroute simple.

244. — Les cas de banqueroute simple seront jugés par le tribunal de police correctionnelle, sur la poursuite du ministère public, des liquidateurs ou des commissaires dûment autorisés de l'assemblée des créanciers, ou même de tout créancier.

Les banqueroutiers simples seront punis d'un emprisonnement d'un mois au moins et de deux ans au plus.

245. — Les complices des faits constitutifs de la banqueroute simple seront punis de la même peine d'emprisonnement et d'une amende égale à la valeur des avantages illégalement stipulés, ou aux restitutions et dommages-intérêts dûs à la masse des créanciers, et qui ne pourront être moindres de cent francs.

246. — Sera déclaré banqueroutier simple tout commerçant déclaré en état de cessation de paiements, qui se trouvera dans l'un des cas suivants :

1° Si ses dépenses personnelles ou les dépenses de sa maison sont jugées excessives ;

2° S'il a consommé de fortes sommes au jeu, à des opérations de pur hasard, ou à des opérations fictives de bourse ou sur marchandises ;

3° Si, dans l'intention de retarder sa cessation de paiements, il a fait des achats pour revendre au-dessous du cours ; si, dans la même intention, il s'est livré à des emprunts, circulations d'effets, et autres moyens ruineux de se procurer des fonds ;

4° Si, après la cessation de ses paiements, il a payé ou favorisé un créancier au préjudice de la masse ;

5° S'il a fait à l'un de ses créanciers, après la cessation de ses paiements, des avantages secrets, ou si l'un des créanciers ou son fondé de pouvoir a reçu de lui une somme quelconque pour le favoriser par son vote dans les assemblées des créanciers ;

6° S'il est à sa connaissance que l'un des créanciers ait produit pour des créances fictives, et qu'il n'ait pas dénoncé ce fait ;

7° S'il a supposé des dépenses ou des pertes ou qu'il ait, de quelque manière que ce soit, exagéré sciemment son passif, ou s'il ne justifie pas de l'existence ou de l'emploi de l'actif de son dernier inventaire et des deniers, valeurs, meubles et effets, de quelque nature qu'ils soient, qui lui seraient advenus postérieurement ;

8° S'il a signé des contre-lettres, ou s'il est intervenu, entre l'un de ses créanciers et lui, des conventions particulières ayant pour objet de modifier entre eux les conditions du sursis ou du concordat ;

9° S'il a fait sciemment, dans son bilan ou son inventaire, de fausses déclarations de nature à tromper ses créanciers sur sa véritable situation ;

10° S'il a omis sciemment, dans ses déclarations, un ou plusieurs créanciers ;

11° S'il a fractionné une créance entre plusieurs cessionnaires fictifs.

247. — Pourra être déclaré banqueroutier simple, tout commerçant déclaré en état de cessation de paiements, dans les cas suivants :

1° S'il a contracté pour le compte d'autrui, sans recevoir des valeurs en échange, des engagements jugés trop considérables, eu égard à sa situation lorsqu'il les a contractés ;

2° Si, après avoir obtenu un sursis ou un concordat, il est déclaré en état de liquidation forcée, pour inexécution du sursis ou du concordat.

248. — Le débiteur qui aura obtenu un sursis sera puni de la même peine que le banqueroutier simple, dans les cas suivants :

1° Si, pour déterminer ou faciliter la délivrance du sursis, il a, de quelque manière que ce soit, volontairement dissimulé une partie de son passif ou exagéré son actif;

2° S'il a fait ou laissé intervenir aux délibérations relatives à la demande de sursis, un ou plusieurs créanciers supposés, ou dont les créances à raison desquelles ils ont pris part aux délibérations ont été exagérées.

249. — Seront punis de la même peine ceux qui, sans être créanciers, auraient pris part aux délibérations relatives à la demande de sursis, ou qui, étant créanciers, auraient frauduleusement exagéré les créances à raison desquelles ils ont concouru à ces délibérations.

250. — Pourront être condamnés comme banqueroutiers simples les directeurs et administrateurs des sociétés par actions, dans les cas suivants :

1° S'ils ont été déclarés personnellement en état de cessation de paiements pour l'un des motifs énoncés dans l'article 12, toutes les fois que les opérations ainsi faites ou négociées par eux dans leur intérêt personnel ou contrairement aux statuts, n'auront pas été couvertes par une déclaration expresse de l'assemblée des actionnaires ;

2° S'ils n'ont pas fourni les renseignements qui leur auront été demandés, soit par le juge-commissaire, soit par les commissaires ou les liquidateurs, ou s'ils ont fourni des renseignements inexacts. Il en sera de même de ceux qui, sans empêchement légitime, ne se seront pas rendus à la convocation soit du juge-commissaire, soit des commissaires ou des liquidateurs.

251. — Seront punis des peines portées contre les complices de la banqueroute simple :

1° Ceux qui, dans l'intérêt du débiteur déclaré en état de cessation de paiements, auront soustrait, dissimulé ou recélé des biens, meubles, effets mobiliers ou valeurs, ou même des biens immobiliers ;

2° Le créancier qui aura stipulé, soit avec le débiteur déclaré en état de cessation de paiements, soit avec toutes autres personnes, des avantages particuliers à raison de son vote dans les délibérations des assemblées des créanciers, ou qui aura fait un traité particulier duquel résulterait, en sa faveur, un avantage à la charge de l'actif du débiteur ;

3° Le mandataire de l'un des créanciers qui se sera rendu coupable des mêmes faits ;

4° Le séquestre provisoire, le commissaire ou le liquidateur qui se sera rendu coupable de malversation dans sa gestion.

252. — Pourra être condamné comme complice de la banqueroute simple celui qui, connaissant l'état de cessation de paiements du débiteur, et pour l'aider à en retarder la déclaration, lui aura fait des prêts excessifs et réitérés sur marchandises.

CHAPITRE IV

De la banqueroute frauduleuse.

253. — Sera déclaré banqueroutier frauduleux et puni des peines portées par l'art. 402 du Code pénal, tout commerçant déclaré en état de cessation de paiements qui se trouvera dans l'un des cas suivants :

1° S'il a soustrait ses livres, ou s'il en a frauduleusement enlevé, effacé ou altéré le contenu ;

2° S'il a détourné ou dissimulé une partie de son actif;

3° Si, dans ses écritures, soit par des actes publics ou des engagements sous signature privée, soit par son bilan, le commerçant en état de cessation de paiements s'est frauduleusement reconnu débiteur de sommes qu'il ne devait pas.

254. — Les frais de banqueroute frauduleuse ne pourront, en aucun cas, être mis à la charge de la masse.

Si un ou plusieurs créanciers se sont rendus parties civiles en leur nom personnel, les frais, en cas d'acquittement, demeureront à leur charge.

255. — Seront condamnés aux peines de la banqueroute frauduleuse, comme complices :

1° Ceux qui, dans l'intérêt du débiteur en état de cessation de paiements et de complicité avec lui, auront détourné ou l'auront aidé à détourner tout ou partie de son actif;

2° Ceux qui, faisant le commerce sous le nom d'autrui ou sous un nom supposé, se seront rendus coupables de faits prévus par l'article 253 ;

3° Ceux qui, par l'un des moyens indiqués en l'art. 60 du Code pénal, auront provoqué aux faits mentionnés dans l'article 253, ou donné des instructions pour les commettre, et ceux qui auront, avec connaissance, aidé le banqueroutier frauduleux dans les faits qui auront préparé ou facilité la banqueroute ou dans ceux qui l'auront consommée.

TITRE TROISIÈME

De la Réhabilitation et du certificat de libération.

———··∞··———

256. — Le débiteur déclaré en état de cessation de paiements, qui justifiera qu'il a intégralement acquitté, en principal, intérêts et frais, toutes les sommes par lui dues, pourra obtenir du tribunal de commerce un jugement de réhabilitation dans le plein exercice de ses droits et actions, s'il ne se trouve dans aucun des cas prévus par l'article 260.

Il ne pourra obtenir du tribunal, s'il se trouve dans l'un des cas prévus par l'article 260, qu'un simple certificat de libération.

257. — Le jugement de réhabilitation et le certificat de libération ne seront délivrés par le tribunal que sur la production d'une quittance définitive des commissaires ou des liquidateurs.

258. — La demande du débiteur libéré sera notifiée par extrait, par la voie du greffe du tribunal de commerce, aux frais du demandeur, à tous les créanciers vérifiés et admis. Ces créanciers auront le droit de s'opposer à la réhabilitation ou à la délivrance du certificat de libération, s'ils justifient que le débiteur ne s'est pas intégralement libéré envers eux.

259. — Le débiteur libéré ne pourra obtenir soit la réhabilitation, soit le certificat de libération, dans le cas où il a été l'associé d'une maison de commerce déclarée en état de cessation de paiements, qu'après avoir justifié que toutes les dettes de la société ont été intégralement acquittées en principal, intérêts et frais, alors même qu'un sursis ou un concordat particulier lui aurait été consenti.

260. — Ne seront point admis à la réhabilitation : les banqueroutiers simples ou frauduleux, ceux qui n'auront pas été déclarés excusables,

les personnes condamnées pour vol, escroquerie ou abus de confiance, les stellionataires, ni les tuteurs, administrateurs, ou autres comptables qui n'auront pas rendu et soldé leurs comptes.

261. — En vertu du jugement prononçant la réhabilitation ou certifiant la libération, le débiteur obtiendra main-levée de l'inscription judiciaire prise sur ses biens présents et à venir, conformément aux articles 151 et 147.

Le jugement portant réhabilitation sera inséré par extrait en suite de la mention de la radiation de l'hypothèque.

262.— Le débiteur libéré pourra faire publier le jugement portant sa réhabilitation ou certifiant sa libération, autant qu'il le jugera utile et à ses frais.

Disposition transitoire

263. — La loi du 28 mai 1838 sur les faillites et banqueroutes, ainsi que la loi du 12 février 1872, modifiant les articles 450 et 550 du Code de commerce, sont abrogées.

Néanmoins, les faillites déclarées antérieurement à la promulgation de la présente loi, continueront à être réglées par les anciennes dispositions des lois précitées.

FIN DU PROJET.

RAPPORT

SUR LES ADHÉSIONS A LA RÉFORME

DE LA LÉGISLATION SUR LES FAILLITES

Présenté dans la réunion publique du 11 Février 1880 (Salle Rivoli).

Ont adhéré au principe de la législation sur les faillites et ont promis leur concours pour la discussion du Questionnaire publié par le Comité de la réforme, les Chambres de commerce ci-après désignées :

18 Chambres de Commerce.

1. Avignon.
2. Saint-Quentin.
3. Toulouse.
4. Nice.
5. Tours.
6. Le Mans.
7. Angoulême.
8. Dijon.
9. Cherbourg.
10. Dunkerque.
11. Morlaix.
12. Gray.
13. Bône.
14. Saint-Omer.
15. Limoges.
16. Epinal.
17. Nantes.
18. Constantine (Algérie).

La Chambre de commerce de Nantes a exprimé l'intérêt qu'elle prenait à la réforme de la loi de 1838 ; mais elle attend, pour se prononcer, qu'un projet de loi lui soit soumis.

Ont adhéré au principe de la réforme de la loi des faillites et promis le même concours pour la discussion du Questionnaire, les Chambres consultatives des arts et manufactures, ci-après désignées :

7 Chambres consultatives.

1.ᵉ Poitiers.
2. Pamiers.
3. Lisieux.
4. Montbéliard.
5. Aix.
6. Rethel.
7. Issoudun.

Ont adhéré, dans la même forme, les Chambres syndicales ci-après désignées :

30 Chambres Syndicales.

PARIS.

DÉPARTEMENTS.

1. Vins et spiritueux.
2. Tissus en gros.
3. Tabletterie.
4. Caoutchoux et toiles cirées.
5. Gaînerie et maroquinerie.
6. Carrosserie.
7. Quincaillerie.
8. Commissionnaires.
9. Industries diverses.
10. Marbrerie.
11. Parapluies.
12. Passementerie.
13. Doreurs ornementistes.
14. Fleurs et plumes.
15. Négociants commissionnaires.

16. Bourbonne (Chambre commerciale).
17. Evreux (Bâtiments).
18. Orléans (Industrie et commerce).
19. Laval (Vins et spiritueux).
20. Marseille (Bijouterie et joaillerie).
21. Saint-Etienne (Tissus).
22. Amiens (Industrie).
23. Melun (Commerce et industrie).
24. Lyon (Métallurgie).
25. Dieppe (Bâtiment).
26. Lyon (Vins et spiritueux).
27. Saint-Quentin (Épicerie).
28. Chambéry (Bâtiment).
29. Bordeaux (Serrurerie).
30. Châlons-sur-Saône (Entrepreneurs).

La Chambre syndicale de Bourbonne a demandé, dans la discussion du
Questionnaire, que les Chambres syndicales reçussent une consécration légale
ou tout au moins officielle, et qu'elles fussent acceptées comme auxiliaires
des Tribunaux de commerce. Cette Chambre propose même que les membres des
Chambres syndicales puissent, dans les cantons éloignés du lieu où siège le
tribunal compétent pour connaître des opérations de la cessation de paiements,
être délégués pour remplir les fonctions que la loi attribue au juge-commissaire,
de telle sorte que les assemblées de créanciers occasionnent moins de déplace-
ment et de frais.

La Chambre syndicale des cantons nord et sud de Melun, qui a appelé à
ses délibérations tous les autres commerçants, a formulé particulièrement le
vœu que les Chambres syndicales de France fussent réunies en une vaste
association dont le siège serait à Paris ; elle s'est prononcée, en outre, pour
la multiplication des tribunaux de commerce.

Enfin, ont adhéré au principe de la réforme de la loi de 1848, les magistrats
des tribunaux de commerce ci-après désignés, sous cette réserve que les
tribunaux de commerce ne pouvant formuler un avis collectif, en tant que
corps judiciaire, entendaient néanmoins, en tant que commerçants et en leur
nom privé, s'associer au mouvement de la réforme.

35 Tribunaux de Commerce.

1. Nevers.
2. Nîmes.
3. Mirecourt.
4. Besançon.
5. Compiègne.
6. Cahors.
7. Morlaix.
8. Dunkerque.

9. Rouen.
10. Pau.
11. Aurillac.
12. Tours.
13. Clermont-Ferrand.
14. Dijon.
15. Constantine.
16. Aix.

17. Ambert.
18. Sedan.
19. Agen.
20. Rochefort-sur-Mer.
21. Bayeux.
22. Narbonne.
23. Saumur.
24. Grasse.
25. Auxerre.
26. Limoux.

27. Vannes.
28. Abbeville.
29. Saint-Etienne.
30. Chambéry.
31. Bagnères de Bigorre.
32. Tarbes.
33. Gray.
34. Angoulême.
35. Moulins.

Le tribunal de commerce de Nîmes a particulièrement approuvé le principe contenu dans le Questionnaire, suivant lequel le débiteur ne doit être libéré que par le paiement intégral de sa dette.

Le tribunal de commerce d'Ambert demande que la vente des immeubles du failli puisse avoir lieu devant un notaire, ou même, ce qui peut paraître plus contestable, devant le juge-commissaire. Mais ce tribunal fait surtout valoir le préjudice résultant de la lenteur des opérations de vente immobilière, opérations qui retardent, pendant des années, la clôture des opérations de liquidation, en province surtout, où les faillis possèdent presque toujours des maisons ou des terres.

Nous ajouterons aux adhésions des corps consulaires, celles qui ont été données par la plupart des grands journaux de Paris, à savoir :

La *République française*, le *National*, le *Petit Parisien*, le *Petit Journal* la *Petite Presse*, l'*Evénement*, le *Temps*, le *Globe*, le *Nouveau Journal*, l'*Estafette*, la *France*, le *Rappel*, le *Siècle*, la *Marseillaise*, etc., etc.

Un grand nombre de journaux financiers, industriels ou commerciaux ont donné la même approbation aux principes nouveaux, admis par le Questionnaire ; quelques-uns en ont même entrepris la publication.

C'est surtout dans la presse des départements que le mouvement en faveur de la réforme a été considérable et presque unanime. Nous ferons remarquer ici que les journaux des nuances les plus diverses se sont rencontrés pour appuyer la réforme dans le même sens.

Plusieurs réunions publiques ont eu lieu dans Paris, pour provoquer la discussion des principes suivant lesquels la réforme devait être demandée.

Première réunion. — Le 10 mai 1879, Salle Pierre-Petit, sous la présidence de M. Saint-Martin, député, les commerçants assemblés ont adopté un premier projet, présenté par M. Laplacette, et décidé la formation d'un comité d'initiative sous la présidence de M. Laplacette, négociant, à qui la présidence a été confirmée depuis après l'organisation définitive du Comité.

Nous ferons remarquer que la plupart des réformes contenues dans le projet primitif de M. Laplacette, ont trouvé place dans le Questionnaire du Comité, et qu'ainsi toutes les réunions ultérieures n'ont fait que les confirmer.

2e réunion. — 21 juin 1879. Hôtel des chambres syndicales, 10, rue de Lancry ; sous la présidence de M. Saint-Martin, député, l'assemblée des commerçants ratifie, après une nouvelle délibération, le vote déjà exprimé dans la première réunion.

3e réunion. — 1er août 1879. Opéra populaire ; conférence de M. Pascal Duprat, sous la présidence de M. Ch. Boysset, président, député.

A la suite de cette conférence, l'assemblée a adopté la résolution suivante :

« Considérant que la loi actuelle sur les faillites présente les inconvénients les plus graves, et qu'il importe d'y introduire à bref délai de profondes modifications.

« La réunion invite le Comité déjà constitué à faire appel à l'initiative privée de tous les négociants français, afin d'obtenir leur adhésion et leur collaboration pour préparer un projet de loi qui pourra être ultérieurement soumis à l'approbation des chambres. »

4ᵉ réunion. — 30 novembre 1879. Opéra populaire ; conférence de M. Pascal Duprat, sous la présidence de M. Ch. Boysset, député.

A la suite de cette conférence, l'assemblée adopte, à l'unanimité, la résolution suivante :

« La réunion du Comité de réforme de la loi sur les faillites, des adhérents au Comité et des commerçants de la place de Paris, convoquée au théâtre de l'Opéra populaire, sous la présidence de M. Boysset, et après avoir entendu M. Pascal Duprat, appartenant tous deux à la représentation nationale,

« Applaudit aux travaux préparatoires du Comité et l'encourage à les continuer, après avoir recueilli les avis sur chaque question, de tous nos tribunaux de commerce, chambres de commerce et chambres syndicales, pour en tirer un projet de loi définitif qui résume l'accord de la majorité. »

5ᵉ réunion. — 21 décembre 1879. Opéra populaire. Discussion publique des 17 propositions fondamentales contenues dans le Questionnaire du Comité, sous la présidence de M. Hiélard, négociant.

Les trois premières propositions, dont nous donnons le texte ci-après, sont adoptées après une discussion approfondie, à laquelle prennent part un grand nombre de commerçants.

Le rapport se termine par la communication suivante :

On signale, sur divers points, dans les départements, la formation de sous-comités locaux pour l'étude des réformes proposées, notamment à Nîmes, à Bordeaux et Nantes.

Le 27 novembre, une assemblée générale des commerçants faisant partie de la chambre de commerce et du tribunal de commerce de Nîmes, composée de quarante personnes, adoptait diverses propositions contenues dans le Questionnaire du Comité, à savoir :

1º La cessation de paiements n'entraînera pas de plein droit, pour le débiteur malheureux et susceptible de se relever par des atermoiements, le dessaisissement de l'administration de ses biens, ni la privation de ses droits politiques ;

2º Le concordat ne libère le débiteur que par le paiement intégral de ses dettes.

6ᵉ et 7ᵉ réunions. — 11 et 17 février 1880. Présidence de M. Hiélard. Adoption des quatorze dernières propositions dont le texte suit :

RÉSOLUTIONS

Extraites du Questionnaire du COMITÉ DE LA RÉFORME *de la législation* **sur les faillites** *et présentées à l'assemblée générale des commerçants de Paris, dans les séances publiques des 21 décembre 1879, 11 et 17 février 1880, à l'Opéra (square des Arts-et-Métiers), et à la salle Rivoli.*

1° La déclaration de faillite est remplacée par la déclaration de cessation de paiements.

Dans toute cessation de paiements, l'assemblée des créanciers est souveraine, soit pour accorder ou refuser le sursis ou le concordat, soit pour statuer sur toutes opérations, soit enfin pour nommer tous commissaires ou liquidateurs, en tel nombre et dans telle catégorie de personnes qu'elle le juge convenable.

2° La cessation de paiements ne peut être déclarée d'office par le tribunal ; la publication du jugement qui la déclare n'est ordonnée que dans les cas où le débiteur n'offre pas les moyens d'établir la liste de ses créanciers.

3° Le jugement déclaratif de cessation de paiements nomme un séquestre provisoire pour gérer jusqu'à la convocation de la première assemblée de créanciers, qui doit avoir lieu dans la quinzaine. Ce séquestre n'est nommé qu'en cas de désertion du fonds par le débiteur, ou lorsque celui-ci se trouve dans l'un des cas de banqueroute. Dans les autres cas, le débiteur conserve la garde de ses biens.

4° Pour la rapidité des opérations et convocations, les créanciers éliront domicile ou choisiront un mandataire, au lieu où siège le Tribunal ; faute de ce faire, ils sont censés avoir élu domicile au greffe pour toutes notifications.

5° Les notifications aux créanciers sont faites par lettres chargées, par la voie du greffe ; les jugements relatifs à la cessation de paiements sont aussi signifiés par extrait en cette forme. Mais des tableaux et des registres spéciaux communicables à toutes personnes seront tenus au greffe, pour rendre compte tant de l'état des opérations que de l'état de chaque créance.

6° Les délais de procédure sont abrégés, et les délais de distance supprimés. Les contestations auxquelles peuvent donner lieu les délibérations des assemblées, l'homologation de ces délibérations, ou la vérification des créances, sont jugées à la première audience qui suit l'assemblée, sans citation préalable, d'urgence et toutes affaires cessantes.

7° Le débiteur n'est libéré que par le paiement intégral de sa dette ; mais, même si ses biens sont liquidés, à défaut de sursis ou de concordat, il reste insaisissable pour le reliquat de sa dette, jusqu'à concurrence de la somme nécessaire pour ses besoins et ceux de sa famille.

8° Dans le cas où le débiteur aurait, au moyen de prélèvements faits sur son actif, constitué en sa faveur un titre d'assurances, ce titre ne sera valable que dans les termes indiqués par la résolution précédente, c'est-à-dire, jusqu'à concurrence de la somme nécessaire à ses besoins et à ceux de sa famille.

9° L'assemblée des créanciers peut accorder soit un simple sursis, pour une année au plus, sous la surveillance de commissaires, au débiteur malheureux, mais de bonne foi, soit un concordat, avec ou sans caution, sous l'obligation de payer, par annuités, l'intégralité de sa dette.

10° Le concordat peut être consenti par substitution, lorsqu'un tiers offre de reprendre le fonds en acquittant la dette.

Un concordat peut être consenti même après un premier refus et jusqu'au paiement intégral.

Le concordat ne valant pas quittance, le débiteur reste soumis à la surveillance de commissaires.

11° Le sursis ou le concordat n'est accordé que par la majorité en nombre des créanciers, réunissant les 2/3 en sommes.

12° Le débiteur soumis à la liquidation forcée, cessera d'être exposé aux poursuites individuelles de chaque créancier ; les droits de la masse continueront d'être exercés par le liquidateur.

13° La femme du débiteur ne pourra exercer ses reprises que sous la justification authentique de l'emploi ou du remploi de ses biens propres.

14° La femme, même séparée de biens, pourra être poursuivie pour les dettes de son mari, si elle ne justifie pas, par acte authentique, que les biens en sa possession lui sont propres ou ont été affectés comme tels.

15° Les créanciers étrangers seront traités, par une loi de réciprocité, de la même manière que les créanciers français sont traités dans leur propre pays, de telle sorte que ceux dont la loi n'admet les créanciers français qu'après le paiement intégral de leurs compatriotes, seront traités de la même manière en France.

16° Les débiteurs non commerçants, en état de déconfiture, seront soumis, quant à la liquidation de leurs biens, aux formes abrégées de la procédure de cessation de paiements ; il seront admis au bénéfice du sursis.

17° La simple déclaration de cessation de paiements n'entraînera aucune déchéance des droits civils politiques, pour le débiteur en état de cessation de paiements qui n'aura pas été condamné comme banqueroutier.

L'Agence Havas a rendu compte dans les termes suivants des séances, dans lesquelles ont été prises les résolutions qui précèdent :

« Le Comité de la réforme de la loi des faillites vient de clore hier, salle Rivoli, la discussion publique de son Questionnaire, sous la présidence de M. Hiélard. Ce Questionnaire est soumis en ce moment à la critique des chambres de commerce, chambres syndicales et tribunaux de commerce, pour être remanié suivant les avis qui seront recueillis.

« La discussion à laquelle étaient conviés les commerçants de la place de Paris, a été, sur chaque question, vive et approfondie ; mais les principes de la réforme, habilement défendus et justifiés, ont été presque unanimement acclamés. Les commerçants ont surtout apprécié les grandes et heureuses réformes que les nations voisines ont accompli dans leur législation sur les faillites. C'est avec autant d'intérêt pour ces graves questions que de sympathie pour un savant jurisconsulte, qui s'est entièrement consacré à l'étude des lois étrangères, que le public commerçant a accueilli les renseignements fournis par M. Sacré. La collaboration de ce jurisconsulte à l'œuvre du Questionnaire en fait un travail des plus remarquables par la science ; l'esprit pratique de nos commerçants a fait le reste. Un juste éloge a été accordé à M. Laplacette qui, avec une rare énergie et une force de conviction qui a raison des obstacles, a surtout contribué à ce mouvement libéral.

« Une délégation, exclusivement choisie parmi les commerçants, a été chargée de transmettre aux ministres compétents les vœux du commerce et de provoquer la nomination d'une commission ministérielle, chargée de l'élaboration du projet définitif. »

En conséquence, les délégués se sont rendus auprès de M. le Président de l'Assemblée nationale.

La correspondance Havas a publié, dans une note reproduite par les journaux, le résultat de cette entrevue :

« Les délégués du commerce de Paris, MM. Hiélard. Laplacette, H. Dieu, Moreau et Lerebours, nommés à l'effet de poursuivre auprès du Gouvernement, l'établissement d'une commission mixte, chargée de préparer le projet de réforme de la loi sur les faillites, ont été reçus mercredi, à deux heures, par M. Gambetta. L'honorable président a félicité les généreux citoyens qui, par leur initiative privée, sont parvenus à créer un mouvement si utile et à provoquer une enquête embrassant aujourd'hui la France entière. M. Gambetta a ajouté qu'il se ferait, en toute occasion, l'interprète des vœux du commerce français, d'autant plus que la question est mûre, et qu'il est à souhaiter qu'une réforme si impatiemment attendue soit réalisée plus rapidement que n'a pu l'être celle du tarif des douanes. »

MM. les chefs du cabinet de MM. les Ministres de la Justice et de l'Agriculture et du Commerce avaient antérieurement exprimé les mêmes assurances aux délégués du Comité.

EXTRAIT

DU JOURNAL L'ÉVÉNEMENT

(*N*os *du* 22 *au* 29 *septembre* 1879)

Un de nos plus honorables négociants parisiens, M. Laplacette, me demande place dans l'*Evénement* pour exposer et justifier la nécessité de réformer la législation sur les faillites. Je lui ouvre à deux battants les portes de l'*Evénement*. Ce que dit M. Laplacette est juste, pratique et libéral. Je ne doute pas que le Parlement, s'il veut se donner la peine d'y regarder, ne reconnaisse la valeur des arguments invoqués à l'appui de cette thèse.

La législation actuelle sur les faillites, en prétendant sauvegarder les intérêts des créanciers, les compromet aussi gravement que les intérêts des malheureux débiteurs. Il y a là une réforme qui intéresse le commerce, l'Industrie, la banque, la bonne foi publique et l'équité. On peut être certain que l'*Evénement* la soutiendra et la défendra jusqu'au bout, c'est-à-dire jusqu'au jour où elle aura triomphé devant les Chambres.

Edmond Magnier.

Paris, septembre 1879.

A Messieurs les Députés,

Confiant dans le Parlement républicain et dans sa volonté de se consacrer exclusivement à l'élaboration des grandes lois économiques, industrielles et financières, que réclame le commerce pour la grandeur de la France,

Nous venons proposer une réforme radicale de la loi de 1838, loi réglant les rapports des débiteurs en suspension de paiements avec leurs créanciers, et vous exposer les faits historiques relevés dans les documents *officiels*. A diverses reprises, on a proposé d'introduire dans notre législation le régime des concordats amiables ; produites à des époques de crises politiques et commerciales, ces propositions n'ont pas, jusqu'à présent, subi l'épreuve d'une discussion complète, et sont restées sans solution définitive.

Depuis plusieurs années, les présidents des tribunaux de commerce ont insisté sur la nécessité de réviser la loi de 1838. Il convient donc d'examiner les inconvénients qu'ils ont signalés dans le régime actuel et de rechercher les moyens d'y remédier.

Au milieu des complications de procédure de l'ancienne législation sur les banqueroutes et les faillites, on rencontre l'exemple d'un mode simple et expéditif de règlement entre le débiteur et ses créanciers.

On sait quelles étaient les rigueurs de l'ordonnance de 1673 à l'égard des commerçants qui cessaient leurs paiements.

« Le banqueroutier était condamné à la peine capitale et ses complices aux « galères.

« Les faillis pouvaient arriver à un arrangement avec leurs créanciers, ou par l'obten-« tion de lettres de répit, ou par la cession des biens ; dans le premier cas, ils étaient « exclus de toute fonction publique ; dans le second, ils ne pouvaient se montrer en « public que coiffés d'un bonnet vert. »

En 1678, la continuation des guerres entreprises par Louis XIV avait rendu plus difficiles les relations internationales.

Un assez grand nombre de commerçants, par suite des pertes qu'ils avaient subies, s'étaient vus dans l'impossibilité de faire face à leurs engagements, et ils s'étaient mis, par la fuite, à l'abri des sévérités de la loi.

Prenant en considération les circonstances qui avaient amené ce désastre commercial, le Châtelet rendit une ordonnance qui autorisait ces commerçants à convoquer leurs créanciers à bref délai ; cette autorisation leur était accordée par une ordonnance du juge, rendue sur simple requête accompagnée d'un double état de la valeur de leurs effets et de leurs dettes. Les créanciers réunis désignaient deux d'entre eux pour vérifier cet état; et, après leur rapport, il était procédé à l'homologation, le tout sans frais ni apposition de scellés.

Cette mesure transitoire a sans doute inspiré les dispositions exceptionnelles adoptées depuis dans des circonstances analogues.

Le Code de commerce, promulgué en 1808, avait, dans la réglementation des faillites, amélioré la législation antérieure, en établissant une distinction rationnelle entre la banqueroute frauduleuse et la banqueroute simple; il avait, en outre, supprimé les lettres de répit, laissées à l'arbitraire du prince, tout en maintenant la cession de biens, qui permettait au failli de s'affranchir de la contrainte par corps. Mais il avait compliqué de longues et dispendieuses formalités les mesures préliminaires du concordat ou de l'union, par la triple organisation de l'agence, du syndicat provisoire et du syndicat définitif.

Les inconvénients de ce régime, signalés par les jurisconsultes et par les publicistes, motivèrent les réformes introduites dans cette partie de la législation par la loi de 1838.

Diminuer les frais et les lenteurs de la faillite, substituer aux arrangements clandestins, trop souvent préjudiciables aux intérêts des créanciers et des débiteurs, le régime légal ; tel était le double but que, suivant son savant rapporteur, M. Renouard, la loi de 1838 s'était proposé.

Ce but a-t-il été atteint ?

Dalloz, après avoir rappelé (*Répertoire général*, verbo *Faillite*, n° 30) que « la première condition d'une bonne loi sur les faillites est d'économiser le temps et les frais », ajoute au n° 39 : « Si maintenant nous jetons un coup d'œil sur la loi de 1838, nous reconnaîtrons aisément que le système général admis par le Code de commerce, en matière de faillite, a été entièrement conservé ; que le législateur s'est borné à y introduire quelques changements de détail, en augmentant, dans certains cas, en diminuant, dans d'autres, la sévérité de ses dispositions. Quelques-uns de ces changements sont louables ; mais l'insuffisance des améliorations a fait accueillir avec une grande froideur l'œuvre décolorée et trop peu méditée du législateur de 1838.

C'est surtout dans les époques de crises commerciales que l'insuffisance de régime s'est révélée.

Ainsi, en 1848, après la révolution du mois de Février, pour subvenir aux difficultés que le commerce avait à traverser, un décret du 28 août sur les concordats amiables accorda aux tribunaux de commerce la faculté d'affranchir le débiteur concordataire de la qualification de failli (article 1er).

Dès cette époque, MM. Jules Favre, Dupont (de Bussac) et plusieurs de leurs collègues avaient présenté à l'Assemblée nationale un amendement pour rendre définitive la mesure proposée. L'amendement fut rejeté; l'article 2 du décret ne donna au tribunal de commerce que la faculté de dispenser le débiteur de l'apposition des scellés et de l'inventaire judiciaire, s'il avait déjà obtenu un arrangement de ses créanciers représentant la moitié en nombre et les trois quarts en sommes.

Le débiteur conservait, dans ce cas, l'administration de ses affaires pour procéder à leur liquidation concurremment avec les syndics régulièrement nommés, et sous la surveillance d'un juge commis par le tribunal, mais sans pouvoir créer de nouvelles dettes.

C'était la liquidation amiable substituée à la déclaration de la faillite; celle-ci était maintenue pour le débiteur qui n'avait pas obtenu le bénéfice de l'article 1er du décret, c'est-à-dire qui n'avait pas été affranchi de la qualification de failli.

Cette législation transitoire cessa avec les circonstances qui l'avaient rendue nécessaire. La loi du 27 juillet 1856, en autorisant le concordat par abandon, rétablissait indirectement la cession de biens.

L'un des reproches principaux adressés à la loi de 1838, a été de ne pas tenir compte suffisamment de la position si différente du débiteur malheureux, de bonne foi, et du négociant déloyal ; ils seront tous les deux assis au même banc.

En 1869, le président du tribunal de commerce de Marseille, dans son discours d'installation, s'exprimait ainsi sur ce point : « J'ai eu souvent la pensée que la loi sur les faillites, faite en 1838, à une époque où les conditions du commerce étaient bien différentes de ce qu'elles sont aujourd'hui, devait être modifiée en vue des usages nouveaux. La loi, ce me semble, devrait distinguer le cas de la mauvaise foi de celui du malheur. Dans le premier cas, ce serait la faillite pure et simple avec toutes ses rigueurs; dans le second, la liquidation sous la surveillance du juge-commissaire. Cette pensée, que l'expérience de tous les jours me suggère, a été partagée par des esprits sérieux et pratiques, qui sont convaincus comme moi des avantages de sa réalisation. »

Les événements de 1870 révélèrent de nouveau la nécessité de tempérer les rigueurs de la loi de 1838.

L'Assemblée nationale, par un décret du 14 septembre 1871, reproduisit textuellement les dispositions du décret du 28 août 1848.

Avant l'expiration du délai fixé pour l'exécution de cette mesure transitoire, M. Ducuing demanda qu'elle fût prorogée jusqu'au 31 décembre de la même année.

Cette proposition ayant été prise en considération, le 7 avril, son auteur déclara qu'il la remplaçait par un projet de loi définitif sur les concordats amiables.

Ce projet était ainsi conçu :

« Art. 1er. — Les suspensions ou cessations de paiements ne recevront la qualification de faillite que dans le cas où le tribunal de commerce refuserait, sur les motifs, d'homologuer l'arrangement amiable intervenu entre le négociant débiteur et ses créanciers, ainsi qu'il est dit ci-après.

« Art. 2. — L'arrangement est dit amiable quand il est consenti entre le débiteur et la moitié en nombre de ses créanciers représentant les deux tiers en somme. Cet arrangement est constaté par un procès-verbal et par l'inventaire de l'actif et du passif signé par les deux parties. S'il est homologué par le tribunal de commerce, ce concordat dispense le débiteur de l'apposition des scellés et de l'inventaire judiciaire.

« Art. 3. — Le concordat amiable ainsi constaté permet au débiteur de conserver l'administration de ses affaires et de procéder à sa liquidation concurremment et avec le consentement d'une commission nommée par les créanciers intéressés. Le débiteur concordataire se trouve affranchi de la nomination d'un juge-commissaire et d'un syndic, il est tenu seulement de déposer, tous les mois, au tribunal de commerce, un état de situation certifié par la commission des créanciers.

« Art. 4. — Le concordataire sera libéré encore des liens du concordat lorsqu'il aura soldé à ses créanciers le montant de son passif fixé à l'inventaire ; il reprendra alors la libre disposition de ses affaires, comme s'il n'avait pas été en suspension ou cessation de paiements.

« Art. 5. — Toute fausse déclaration de créance faite par un créancier et admise par le débiteur sera punie par les articles du Code pénal relatifs à l'escroquerie et au faux témoignagne. »

L'urgence, demandée, fut votée, et, le 17 avril, M. Mathieu–Bodet déposait son rapport :

« La commission s'est demandée d'abord s'il suffisait de faire une loi transitoire uniquement pour les circonstances présentes, ou s'il convenait de faire une loi définitive qui serait introduite dans notre Code de commerce, en tête de la loi sur les faillites, pour protéger en tout temps le débiteur malheureux et de bonne foi contre la rigueur du droit commun. La commission pense que cette loi aurait une incontestable utilité... Il y a évidemment, sur ce point, une lacune dans notre législation. La majorité de la commission estime qu'il serait sage, urgent même, d'y pourvoir. La loi qui organiserait ce mode pratique d'arrangement entre les débiteurs et leurs créanciers, donnerait satisfaction à de grands intérêts et honorerait l'assemblée qui en serait l'auteur. Plusieurs amendements ou contre-rapports nous ont été présentés ; l'examen et l'étude de l'ensemble exigent un long travail : la loi ne peut donc être faite à court délai... »

Et le rapporteur conclut à la prorogation pure et simple du décret du 7 septembre 1870 jusqu'au 30 septembre suivant.

Cette prorogation, votée le 27 avril, fut successivement prorogée jusqu'au 31 mars 1872.

La commission, qui s'était divisée sur l'adoption du projet, crut devoir consulter les chambres et les tribunaux de commerce.

Le rapport définitif ne fut déposé que le 15 mai 1872 ; il concluait au rejet de la proposition.

Le rédacteur de ce rapport, M. Le Royer, a développé avec une incontestable habileté les considérations qui justifiaient les conclusions de la commission.

Il commence par critiquer le projet comme portant atteinte au principe sur lequel repose la déclaration de la faillite : la nécessité de maintenir l'exécution rigoureuse des engagements commerciaux. Il lui reproche le dessaisissement nécessaire imposé au failli, et la substitution, à l'instruction prescripte pour vérifier sa situation, d'un arrangement dépourvu des garanties destinées à constituer la sincérité de l'inventaire et du bilan. Il impose, en cas d'homologation, à la minorité des créanciers la loi de la majorité ; il constitue, non pas des concordats amiables, mais des concordats forcés avant faillite.

Le rapporteur fait ensuite l'éloge de la loi de 1838, et repousse les critiques dont elle a été l'objet.

Il impute à la négligence des syndics les lenteurs qu'entraîne la liquidation des faillites ; si les frais sont élevés, ils assurent aux créanciers des garanties plus grandes.

Au reproche adressé à la loi de frapper indistinctement le débiteur coupable et le débiteur malheureux, il répond que l'intérêt du créancier est préférable à celui du débiteur. La distinction entre la faillite et la banqueroute ne fait-elle pas la part du malheur et de la mauvaise foi ? Et si la qualification de failli entraîne une sorte de flétrissure, il est rare que le débiteur qui cesse ses paiements soit irréprochable ; et d'ailleurs, l'intérêt social, basé sur le principe absolu de l'article 1134 du Code civil, doit primer les considérations qui ne s'appuient que sur l'intérêt individuel. Il ajoute que, dans le droit civil, l'exproprié n'est pas libéré du surplus de sa dette si le prix de ses biens n'a pas suffi à éteindre son passif, et que le projet rendrait inutile la réhabilitation. Enfin, il constatait les résultats de l'enquête qui, sur 290 réponses, n'en présentait que 80 favorables au projet contre 210 qui lui étaient contraires.

En présence de ces conclusions, M. Ducuing retira sa proposition, en déclarant toutefois qu'il se réservait de la reproduire dans des circonstances plus favorables. La discussion n'eut pas lieu, et la question est restée entière.

Aux motifs développés par M. Le Royer dans son rapport, on peut opposer des considérations non moins graves pour justifier l'opinion contraire.

Le principal reproche adressé aux projets présentés en 1838 et en 1871, de substituer aux formalités prescrites par la loi, pour constater la vraie situation du débiteur, des arrangements dépourvus de garanties suffisantes, était fondé ; il plaçait les tribunaux de commerce dans cette alternative, ou d'homologuer aveuglement des traités conclus, ou de les rejeter.

Mais était-il possible de remédier à ces inconvénients en amendant les projets proposés ? C'est ce qu'il fallait examiner, et c'est le but que se propose d'atteindre le projet actuel.

Si la loi de 1838 a incontestablement amélioré la législation antérieure, il est certain qu'elle n'a pas fait disparaître les inconvénients auxquels ses auteurs s'étaient proposés de remédier.

Ainsi, il ne suffit pas, pour expliquer les lenteurs de la liquidation, de les imputer aux syndics, qui ne pourraient, sans engager leur responsabilité personnelle, se dispenser de remplir les formalités dont la loi exige l'accomplissement.

Au reproche de formalités coûteuses, on répond qu'elles augmentent les garanties ; mais il faut examiner s'il n'est pas possible de conserver les garanties essentielles en diminuant les frais et en simplifiant les procédures.

Quant au droit absolu du créancier, basé sur l'article 1134 du Code civil, on est obligé de reconnaître que, dans toutes les questions où les intérêts collectifs sont engagés, il appartient à la majorité de les résoudre et à la minorité de se soumettre. Ce qu'il faut exiger, ce sont des mesures efficaces pour protéger la minorité contre l'abus du plus grand nombre.

On arriverait, dit-on, à supprimer la réhabilitation ? Mais cet inconvénient se produit dans les arrangements clandestins auxquels il s'agit de mettre un terme ; et d'ailleurs la nécessité de la réhabilitation subsistera pour les débiteurs qui n'auront pas obtenu le bénéfice du concordat amiable ou qui n'auront pas été affranchis de la qualification de faillis.

Quant à l'opinion émise par la majorité des tribunaux et des chambres de commerce, elle n'était pas basée sur l'inutilité de réviser la loi de 1838, mais sur l'inopportunité de cette révision au moment où l'on sortait d'une crise politique qui pouvait atteindre le crédit public et rejaillir sur les transactions commerciales ; elle s'appuyait, en outre, sur l'insuffisance des garanties proposées par le rédacteur du projet de loi.

Aussi, depuis lors, les présidents des tribunaux de commerce n'ont-ils pas cessé de signaler les inconvénients de la loi de 1838 et d'en réclamer la révision.

Dans son discours d'installation du 15 mars 1872, le président du tribunal de commerce de Lyon s'exprimait ainsi :

« La loi qui régit les faillites nous a vivement préoccupés. Appliquer la qualification de failli, avec toutes ses conséquences, à tout individu en état de cessation de payements, nous a paru une mesure excessive et peu en harmonie avec l'état de nos mœurs. Déjà, en diverses circonstances, nous avons exprimé le désir de voir introduire définitivement dans notre législation commerciale le principe de la liquidation judiciaire, déjà établi par les lois de 1848 et de 1871. En effet, il nous paraîtrait utile que le tribunal eût la faculté de prononcer, suivant les circonstances, la faillite ou la liquidation. »

Le président du tribunal de commerce de Marseille, le 16 avril 1872, exprimait la même pensée :

« Si la liquidation judiciaire devenait un droit acquis et sanctionné par la loi pour le négociant malheureux, ce dernier pourrait venir, dès ses premiers embarras, confier ses intérêts et ceux de ses créanciers à un liquidateur désigné par le tribunal. »

Un autre président du même tribunal signalait, le 19 février 1874, les causes de l'abaissement du chiffre des dividendes et du nombre toujours croissant des faillites closes pour insuffisance d'actif :

« Je crois, disait-il, qu'il faut en rechercher la cause dans la situation que la loi fait aux faillis. C'est pourquoi la loi sur les faillites, si souvent discutée sans qu'on ait abouti, est une de celles qu'il est urgent de remanier. La loi qui armera le tribunal de commerce du droit de mettre en faillite ou en liquidation sera une loi morale et d'ordre public. Espérons que lorsque Dieu aura apaisé les passions et rendu un peu de calme à notre pays, nos législateurs s'occuperont de la loi sur les faillites, réclamée par la morale et le bon sens. »

Le 28 décembre 1874, le président du tribunal de commerce de Rouen s'exprimait dans le même sens :

« Quel enseignement devons-nous tirer de cet exposé ? Vous avez vu avec moi le commerce se refuser à user de la faillite, les débiteurs mauvais s'y soustraire par les moyens détournés dont l'application est contraire à la loi, n'y arriver enfin qu'à la dernière extrémité, et alors que, rien n'étant plus à préserver, la faillite n'a plus d'effets utiles. N'est-ce pas une preuve que la loi des faillites n'est plus en rapport avec les besoins de notre époque ? qu'il faut la remanier et la refondre ? Espérons donc une loi nouvelle, après laquelle attendent tous les commerçants. »

On pourrait multiplier ces citations : dans les quatre années suivantes, de 1875 à 1879, les présidents des tribunaux de commerce de Paris, de Rouen, de Dijon, d'Amiens, de Marseille, ont signalé l'augmentation du nombre des faillites clôturées pour insuffisance d'actif, et le nombre non moins grand de faillites réelles, dissimulées sous la forme d'arrangements clandestins.

Les efforts que font les commerçants embarrassés dans leurs affaires, ou pour retarder la faillite, ou pour y échapper, s'expliquent par les conséquences rigoureuses de la suspension des paiements.

Par le fait seul de la cessation de paiements, la faillite est déclarée. Le tribunal n'a pas à rechercher les causes qui ont pu la produire, si elle est le résultat d'une faute imputable au débiteur, ou d'un fait imprévu et parfois d'une force majeure.

Le failli peut être immédiatement atteint dans sa liberté ; il est dessaisi de l'administration de ses biens et frappé d'incapacités non-seulement commerciales, mais civiles et politiques.

Il y a là, dans notre législation, une lacune que les législations étrangères ont utilement comblée en faisant précéder la déclaration de faillite d'une instruction sur les causes auxquelles elle peut être imputée et sur la conduite du débiteur.

Qu'y a-t-il à faire ? Sauvegarder les intérêts divers que la suspension de paiements met en présence.

Nous allons, en quelques mots, retracer quelles sont, d'après la loi du 23 mai 1838, les formalités protectrices du commerce et leurs effets :

1º Obligation pour le négociant en suspension de paiements de déposer, au greffe du tribunal de commerce, son bilan ; et ce, sous peine d'arrestation de sa personne (Articles 455, 456).

2º Dessaisissement de ses biens.

Le jugement déclaratif de faillite, ordonnant les scellés et nommant des syndics provisoires sous la surveillance d'un juge-commissaire (art. 451, 455, 462.)

3º Inventaire dressé par les syndics au fur et à mesure de la levée des scellés, sous la signature du juge de paix à chaque vacation.

Le failli, présent et dûment appelé (art. 479, 480).

4º Vérifications des créances dans les délais déterminés par les articles 491 et 493.

Ces garanties conservatrices, nous verrons comment on peut les remplacer efficacement.

Il est bien entendu que les formalités indiquées ci-dessus ne se pratiquent pas ponctuellement à Paris.

7

Ainsi le juge de paix n'est commis, pour apposer les scellés, que dans le cas seulement où le débiteur est en fuite.

Le failli n'est soumis que fort rarement à se tenir à la disposition du parquet, même sous le coup de l'arrestation.

Mais sans parler, toutefois, de certains détails de cette procédure, tels que les délais, qu'il y aurait lieu d'abréger, une grande question se pose :

N'est-il pas un grand nombre de suspensions de paiements où l'application de tous les appareils coûteux et compliqués n'aboutit qu'à l'aggravation du désastre, soit pour les créanciers, soit pour le débiteur ?

Combien de négociants des plus honorables ne voit-on pas dans l'impuissance de faire face à une échéance, uniquement par le retard de réalisations sur lesquelles ils avaient souvent les meilleurs motifs de compter.

Leur magasin regorge de marchandises, leur portefeuille est garni d'effets.

Le banquier à qui l'on a remis le bordereau des effets à escompter, le conserve pour se couvrir des retours (abusivement.)

Que faire le lendemain, jour d'échéance et pas de fonds en caisse ?

S'adresser à ses fournisseurs ? Peine inutile, dès ce jour le crédit est ébranlé.

Voilà un, deux, trois protets qui les frappent ; les voilà en état de suspension de paiements, état douloureux auquel des renouvellements, usuraires trop souvent, leur permettent seuls de pouvoir échapper.

Est-il équitable, est-il même juridique, de confondre une situation pareille avec celle du négociant étourdi, imprudent et dissipateur, qui n'arrête ses opérations téméraires que le jour où il est à bout de ressources ?

Les magasins sont vides, les livres sont mal tenus (quand ils ne sont pas falsifiés) ; sans autre actif que des lettres de change fictives, créées par les exigences d'un crédit aux abois.

Mais cela, c'est la banqueroute ! va-t-on dire ; tandis que, dans la première hypothèse, le négociant est à peu près certain d'obtenir un concordat qui peut le rendre à meilleure fortune et lui laisser la réhabilitation en perspective.

Dans la seconde, il faudrait compter avec la justice correctionnelle ou même avec la cour d'assises, selon le degré de culpabilité (art. 584 et 591).

De toute façon, la faillite et son caractère infamant viendra frapper indistinctement le débiteur malheureux et de bonne foi, et le négociant déloyal ; ils seront tous les deux assis au même banc.

C'est précisément parce que la différence des deux situations est immense, qu'on est en droit de ne pas en user de la même manière, vis-à-vis de l'une et de l'autre, dès le début.

Nous croyons donc qu'il y a lieu de modifier entièrement la loi régissant la matière, dans tous les cas prévus où, aujourd'hui, le jugement déclaratif de faillite n'ajoute pas qu'il y ait lieu d'affranchir le failli du dépôt et de la garde de sa personne.

Pareil jugement fait supposer une imprudence coupable, sinon la fraude de la part du failli.

Le dernier mot d'une justice progressive comme la nôtre, à l'égard du négociant simplement malheureux, doit-il se borner à l'affranchir de la mise en prison préventive ?

Ne devrait-on pas retarder cette déclaration de faillite, qui le cloue au même pilori que le banqueroutier, du moins au point de vue de son crédit et de sa considération ?

Il est bien entendu que, quand bien même les créanciers auraient dessaisi le débiteur de tout ce qu'il possède, et s'il reste un reliquat dû, ceux-là seront toujours en droit d'en recouvrer le paiement, à quelque époque que ce soit. S'il revient à meilleure fortune, le débiteur ne pourra plus profiter d'une situation qui résulterait du concordat pour se libérer vis-à-vis de ses créanciers avant l'acquittement intégral de ses dettes.

Il va sans dire que toute somme payée antérieurement à la suspension de paiements ne pourra être rapportée, sous aucun prétexte, dans la masse des créanciers.

Le but que je me propose est d'éviter les arrangements d'affaires qui ont quelquefois lieu avant la déclaration de faillite et la réunion des créanciers, à l'effet d'accorder un délai de cinq ans au plus au débiteur.

Certains d'entre eux, peu scrupuleux, tâchent de se faire donner de l'argent ou se l'assurent par un écrit accordant leur voix, ce qui permet de donner à leur créance une plus-value de 20 à 30 0/0, quelquefois le remboursement intégral au détriment de la masse des créanciers.

Une maison achalandée a toujours une plus grande valeur au cours d'exploitation que lorsque la faillite est déclarée; le syndic, en en prenant possession, lui enlève la garantie commerciale qu'elle pouvait offrir à un successeur.

La plupart des syndics ne savent que faire absorber l'actif en frais et honoraires.

On a vu des faillites qui, à la prise de possession par le syndic, présentaient un actif de 80 0/0, au bout de six mois donner une misérable répartition de 15 0/0.

Ainsi donc, perte pour les créanciers de 65 0/0. Ajoutons qu'il n'est pas étonnant, à Paris, de voir un syndic avoir jusqu'à cinquante faillites à gérer à la fois.

Comment voulez-vous que ce syndic puisse surveiller les intérêts de tous les créanciers ?

Ne vaut-il pas mieux faire comme en Allemagne et en Espagne, où aucun négociant n'est mis en faillite que sur l'avis des créanciers; où, s'il le préfère, il fait abandon de tout ce qu'il possède à ses créanciers, qui sont ses seuls juges, et seuls maîtres de l'y contraindre dans le cas où il refuserait cet abandon d'actif à leur profit.

La conclusion la plus équitable est que nul n'est meilleur juge que celui à qui il est dû, pour sauvegarder ses intérêts.

L'adoption dudit projet entraîne l'annulation de la saisie, exécution commerciale qui fait dépenser en frais aux débiteurs et créanciers une somme quelquefois aussi élevée que la demande en paiements.

Les droits des créanciers sont supérieurs au droit hypothétique de protection sociale qui investit inconsidérément jusqu'à ce jour le syndic de la garde et de la surveillance des intérêts des tiers.

Nous proposons la substitution suivante aux articles 437 et suivants du Code de commerce :

ARTICLE PREMIER.

L'état de cessation de paiements sera constaté après un protêt et une assignation au tribunal de commerce de la résidence du débiteur par le tribunal même, qui sera libre d'accorder au débiteur un délai, lequel n'excédera pas un mois.

Le tribunal de commerce ne pourra accorder au même débiteur d'autres délais, au cas où il se produirait d'autres demandes de paiements dans l'intervalle du mois, date déjà accordée.

ART. 2.

Si, dans le délai fixé par le tribunal, le débiteur n'a pu satisfaire le demandeur, il sera tenu de se présenter au greffe et ne pourra plus différer de faire un appel à ses créanciers, par la voie du greffe, en les convoquant, en assemblée générale, dans une des salles dudit tribunal ou à son propre domicile commercial.

A défaut de ce faire, il y sera contraint à la requête du créancier demandeur.

Cette assemblée sera présidée par un juge commis.

Le débiteur sera tenu d'apporter à cette réunion un état détaillé de sa situation exacte, tant active que passive.

A cette même réunion, les créanciers désigneront parmi eux, à la majorité des voix, un ou trois délégués, chargés de la vérification des créances et des dettes. Ils décideront s'ils doivent adjoindre au débiteur un employé, commis ou un gérant, qui serait chargé de contrôler l'inventaire. Ce dernier exercera ses fonctions sous le contrôle des créanciers délégués. Une copie dudit état sera déposée entre les mains de l'un des créanciers délégués; une deuxième entre celles de l'employé commis ou gérant; la troisième restera au greffe. Le créancier poursuivant ne pourra pas être nommé délégué.

Art. 3.

Dans les huit jours qui suivront cette réunion, les créanciers seront tenus de déposer au greffe leurs titres et créances, qui seront mis à la disposition du ou des créanciers délégués, ainsi que des autres créanciers.

Art. 4.

Toute déclaration fausse de la part du débiteur, toute production fictive d'un créancier rendront le débiteur et ledit créancier passibles des peines portées A L'ARTICLE 405 DU CODE PÉNAL.

Art. 5.

Dans un délai qui ne dépassera pas la huitaine, il sera déposé entre les mains du juge commis, par l'employé commis, avec le visa du ou des créanciers délégués à la vérification des comptes, un certificat constatant que les livres et l'inventaire sont ou non conformes à l'état déposé par le débiteur. La même pièce contiendra l'avis qu'il y a lieu ou non d'accorder au débiteur un second délai.

Art. 6.

Les créanciers dont la liste aura été remise par le débiteur au juge commis seront convoqués par le greffe du tribunal de commerce, dans la quinzaine qui suivra la première réunion : cette convocation aura lieu par lettres chargées.

La majorité, uniquement basée sur les deux tiers en sommes représentées à la réunion, aura le droit de décider, aux termes de l'article 5, sur le sort du débiteur; cette réunion sera présidée par le même juge.

Tout créancier absent, dûment convoqué, sera tenu de se conformer à la délibération de l'assemblée, constatée par un procès-verbal qui fera la loi des parties.

Tout créancier peut se faire représenter par un fondé de pouvoirs.

Art. 7.

L'état de suspension de paiements ne dessaisira le commerçant ni des valeurs de sa caisse, ni de son établissement, desquels il demeure comptable envers les créanciers; non plus que de la gestion de ses affaires sous le contrôle des créanciers délégués et du commis ou gérant désigné.

Art. 8.

Les délégués pourront s'opposer aux actes qui leur paraîtront contraires aux intérêts des créanciers; à la condition, toutefois, de convoquer immédiatement en assemblée les créanciers qui statueront dans les conditions de majorité de l'article 6.

A la réunion dont il s'agit dans le même article, et au cas où, sur ce point, il n'a rien été déclaré à la réunion précédente, les créanciers aviseront aux concessions ou facilités qui pourront être faites au débiteur pour relever sa situation et, s'il y a lieu, arriver amiablement, sans autres formalités, à un arrangement, lequel accorde au débiteur un délai pour se libérer intégralement.

Ce délai ne pourra excéder deux ans.

Art. 10.

Au cas où les créanciers représentant les deux tiers des sommes croiraient ne pas devoir accorder de nouveau délai au débiteur, il sera requis par eux et il sera rendu par le tribunal de commerce un jugement qui ordonnera la liquidation et qui nommera pour liquidateur un des créanciers délégués. Les fonctions de ce liquidateur seront gratuites, sauf ses débours justifiés.

Art. 11.

Le reliquat des dettes, constaté par les créanciers, sera soldé au prorata et mensuellement.

Le défaut de paiement à ces échéances, constaté deux fois de suite, donne aux créanciers le droit d'ouvrir la liquidation, conformément à ce qui est dit à l'article 10. Après la liquidation opérée et la répartition faite entre les créanciers, l'action de ces derniers reste ouverte jusqu'à complète libération de la part du débiteur. Un état de la liquidation, déposé au greffe, sera mis à la disposition de tous les créanciers, par extrait et à leurs frais.

Art. 12.

Cette action pourra s'exercer de nouveau du chef de tout créancier; mais seulement après un délai de deux ans à partir de la précédente liquidation, et dans les conditions indiquées, à l'article 11, paragraphe 1. Les intérêts commencent à courir, pour le reliquat, à partir de la clôture de la liquidation prévue par l'article 11.

Art. 13.

Est abrogé dans son ensemble le titre 1er du livre III du Code de commerce (Loi du 23 mai 1838).

B. LAPLACETTE, *négociant.*

LES JUGES COMMERÇANTS

M. Laplacette, qui ne cesse pas de poursuivre sa campagne contre la loi actuelle des faillites et tout ce qui s'y rattache, nous adresse la lettre suivante :

Paris, le 24 septembre 1879.

MONSIEUR EDMOND MAGNIER, RÉDACTEUR EN CHEF DE L'*Evénement.*

Monsieur,

A l'appui de ma lettre-projet sur la réforme de la loi des faillites du 23 mai 1838, je puis encore vous faire remarquer qu'il est matériellement impossible aux trente-cinq juges du tribunal de commerce de la Seine de surveiller l'intérêt des créanciers dans les gestions confiées aux syndics.

Ces « hauts personnages, » lorsqu'un créancier se présente à leur « soi-disant étude » pour demander des renseignements sur l'état de la faillite dans laquelle ses intérêts sont engagés, répondent : « *Quand j'aurai besoin de vous, je vous ferai appeler.* » Et si l'on insiste, ils vous éconduisent.

Quant aux faillis, eux, de par la loi, ils se trouvent privés de toute espèce de droits et de contrôle ; et, ayant besoin du « seigneur-syndic » pour obtenir leur concordat, et dans la crainte que le syndic ne fasse un rapport défavorable au juge-commissaire, qui peut obtenir facilement de les faire mettre en état d'arrestation ou de leur faire refuser leur concordat pour cause de négligence ou d'irrégularité dans leur comptabilité, ils se voient réduits au silence.

Le tribunal a de 70,000 à 72,000 jugements à rendre par an. Je comprends dans ce chiffre plusieurs milliers d'affaires renvoyées en délibéré devant les juges, et plusieurs autres milliers renvoyées devant arbitres ou chambres syndicales. Il faut ensuite se représenter que le tribunal doit étudier et entendre plaider par les deux agréés adverses. Enfin, n'oublions pas qu'il y a chaque année dix-huit cents à deux mille faillites à surveiller.

Je laisse à vos lecteurs le soin d'apprécier s'il est matériellement possible aux juges de ne pas négliger quelques-uns des intérêts soumis à leur juridiction, soit dans les faillites, soit dans l'examen des conclusions sur lesquelles ils ont à statuer.

Il y aurait quatre Chambres, composées chacune de vingt-cinq juges, que ce personnel serait à peine suffisant, et pour les juges, et pour la protection des intérêts qu'ils ont à sauvegarder, surtout quand on songe que Paris est la ville commerciale par excellence.

B. LAPLACETTE, *négociant,*

Magasins-Réunis, 10, place de la République.

FIN.

Melun. — Imp. E. DROSNE, rue de Bourgogne, 23.

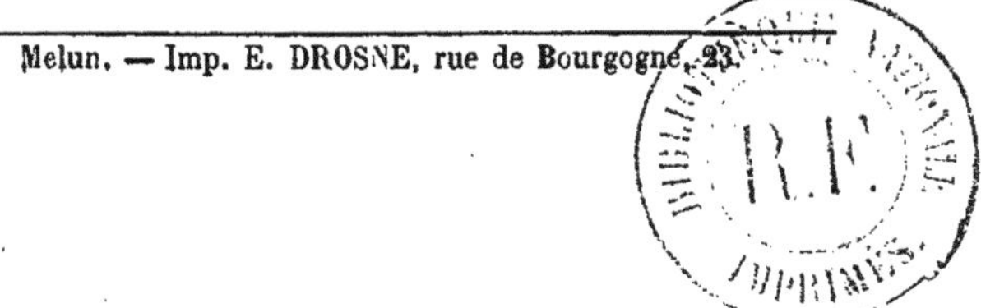

www.ingramcontent.com/pod-product-compliance
Ingram Content Group UK Ltd.
Pitfield, Milton Keynes, MK11 3LW, UK
UKHW020315130726
13696UKWH00003B/1086